LE DROIT DE SUCCESSION

AU MOYEN AGE

Extrait de la *Nouvelle Revue historique de droit français et étranger*
Septembre-Octobre, Novembre-Décembre 1892

LE

DROIT DE SUCCESSION

AU MOYEN AGE

PAR

E. GLASSON

MEMBRE DE L'INSTITUT
PROFESSEUR A LA FACULTÉ DE DROIT DE PARIS

PARIS

LIBRAIRIE
DU RECUEIL GÉNÉRAL DES LOIS ET DES ARRÊTS
ET DU JOURNAL DU PALAIS
L. LAROSE & FORCEL, ÉDITEURS
22, RUE SOUFFLOT, 22

1893

LE
DROIT DE SUCCESSION

AU MOYEN AGE

PAR

E. GLASSON

MEMBRE DE L'INSTITUT

PROFESSEUR A LA FACULTÉ DE DROIT DE PARIS

PARIS

LIBRAIRIE

DU RECUEIL GÉNÉRAL DES LOIS ET DES ARRÊTS

ET DU JOURNAL DU PALAIS

L. LAROSE & FORCEL, ÉDITEURS

22, RUE SOUFFLOT, 22

1893

IMPRIMERIE
CONTANT—LAGUERRE
LVX VITAM
CL
BAR-LE-DUC

LE DROIT DE SUCCESSION

AU MOYEN AGE[1].

§ 1. GÉNÉRALITÉS.

Pour se rendre un compte exact du régime successoral de l'époque féodale, il ne faut jamais perdre de vue que la plus grande diversité régnait à cet égard dans les coutumes et que cependant il existait un certain nombre de points communs qui préparaient les principes fondamentaux de la période suivante. Dans son chapitre XIV consacré aux héritages, Beaumanoir débute déjà en faisant la première de ces observations : « Moult de diverses coustumes sont en parties d'eritages qui

(1) Voir dans la même Revue, année 1885, t. IX, p. 587 et suiv., *Le droit de succession dans les lois barbares*.

vienent en descendant ou par esqueance de costé, par le
roiame » (1). Aussi Beaumanoir se borne-t-il à faire connaître le régime de succession du comté de Clermont. Ces
coutumes de Beauvoisis ne nous en donnent pas moins une
idée très exacte de la notion qu'on se faisait des successions
à cette époque de la féodalité où les fiefs devenus patrimo-
niaux entraient à ce titre dans l'hérédité et où la féodalité
avait déjà perdu une grande partie de son caractère militaire.
Les *Libri feudorum* et les *Assises de Jérusalem* nous présentent le droit de succession avec des caractères bien différents ; les premiers l'organisent en vue de la paix, les seconds
en vue de la guerre et en pays ennemi. Mais c'est surtout
dans les coutumiers anglo-normands, dans Glanville notamment, que le droit de succession tel que devait le comprendre
la féodalité, apparaît dans toute sa pureté, avec l'indivisibilité
du fief et le droit d'aînesse. Cet esprit s'est fait fortement
sentir dans les coutumes qui ont subi en France l'influence
de l'Angleterre, surtout en Normandie et en Bretagne, beaucoup moins mais encore cependant dans l'Anjou et le Maine.

Dans le midi de la France, l'influence du droit romain ne
disparut jamais. Aussi les chartes municipales du Midi consa-
crent-elles un régime successoral inspiré par ce droit : le plus
souvent il s'agit du droit de Justinien, mais parfois aussi du
droit romain antérieur. Toutefois les principes de la féodalité
pénètrent assez souvent dans le Midi et parfois même avec eux
de vieux usages germaniques ; les donations et les testaments
servent aussi à modifier le régime successoral romain lorsqu'il
ne se trouve pas en rapport avec les mœurs féodales du temps.

Mais le terrain que perd le droit romain dans le Midi, il le
gagne dans le Centre. Déjà le *Livre de jostice et de plet* cher-
che à combiner le droit romain avec celui de la coutume,
ce qui le jette parfois dans une certaine confusion. L'influence
romaine est aussi très manifeste dans les *Anciennes coutumes
d'Anjou et du Maine*. Ainsi se préparent les systèmes des coutumes officielles dont on peut déjà apercevoir très nettement les
grandes lignes dans la *Somme rural* de Bouteiller et le résumé
dans les *Institutes coutumières* de Loisel.

(1) Ed. Beugnot, t. I, p. 224.

Quant aux coutumes, c'est surtout au point de vue de la dévolution des biens qu'elles différaient entre elles. Elles reconnaissaient qu'il existait plusieurs sortes de biens, meubles et acquêts ou propres, fiefs, alleux, censives et d'une manière plus générale, tenures roturières, et pour chacune de ces classes de biens, il existait un ordre particulier de dévolution qui variait surtout dans les détails, parfois de coutume à coutume. Mais à côté de ces diversités, on retrouve aussi des règles générales, communes même à toutes les successions, qu'elles portent sur les fiefs ou sur d'autres biens ; telles sont notamment la maxime *le mort saisit le vif*, les règles relatives aux effets du partage, celles qui concernent le paiement des dettes, l'exclusion des héritiers testamentaires, la maxime *n'est héritier qui ne veut*, le principe de la représentation admis en ligne directe et exclu en ligne collatérale, la division des biens entre les deux lignes.

Parmi ces principes, il en est qui viennent directement du droit féodal, d'autres dérivent des anciens usages germaniques, d'autres enfin sont empruntés au droit romain. C'est en remontant à ces sources très diverses qu'on arrive à déterminer, avec une certaine précision, les caractères essentiels des divers régimes successoraux consacrés par les très anciennes coutumes et plus d'une fois entourés dans leurs détails, d'une obscurité assez sérieuse.

Bien entendu, il n'est plus question depuis longtemps au moyen âge du droit de succession des *vicini* auquel faisait encore allusion un édit de Chilpéric (1), ni du partage forcé entre les enfants et leur père du vivant de celui-ci, autrefois établi par la loi des Burgondes.

Mais sous d'autres rapports, la notion de la copropriété de famille est demeurée assez vivace. Cette notion impliquait notamment l'exclusion du testament: Cet acte de dernière volonté s'était sans doute introduit parmi les Barbares, sous l'influence de l'Église et au contact des Gallo-Romains. Mais les Barbares n'admettaient pas en général que le testament pût faire des héritiers et l'exclusion des héritiers testamentaires s'est maintenue à travers les âges jusque dans le Code civil.

(1) Edit de Chilpéric, chap. 3, Borelius, 8.

La notion de la copropriété de famille avait aussi conduit à l'origine à décider que le chef était plutôt un administrateur qu'un maître des biens; aussi pouvait-il les gérer, mais non les aliéner, même entre-vifs, en dehors de la famille. Il lui fallait, tout au moins chez certains peuples barbares, le consentement des héritiers pour que ces aliénations fussent valables. Jamais dans notre ancien droit on n'a admis au profit du chef de la famille, un droit de disposition absolue sur les biens de famille. Tous les parents, même les collatéraux, ont toujours été considérés comme exerçant un certain droit sur ces biens. De là le devoir de famille pour le propriétaire actuel de n'en pas disposer à leurs dépens et c'est aussi cette idée qui servira de base dans la suite à la réserve coutumière qui existait même au profit des collatéraux ainsi qu'au retrait lignager.

Comme ce n'est pas sur l'affection présumée du défunt, mais sur ce devoir de famille que reposent la notion et le système des successions dans le droit coutumier, on comprend encore ainsi que ce droit ait continué à exclure les institutions d'héritier par testament. Par la même raison, les bâtards sont complètement écartés de la succession. Par tous ces moyens, on assure la conservation de la famille. Mais comme les meubles n'exercent aucune influence, on permet aux ascendants d'en hériter avant les collatéraux, tandis que les biens propres sont attribués aux collatéraux les plus proches du côté d'où viennent ces biens; par la même raison les aliénations de meubles ne sauraient jamais donner lieu au retrait lignager.

Chez les Romains, au contraire, la notion de la copropriété de famille avait à peu près complètement disparu. Le *paterfamilias*, maître absolu, véritable souverain de la famille, réglait sa succession comme il l'entendait, même aux dépens de ses enfants. Que ce principe rigoureux ait comporté plusieurs adoucissements, cela est hors de doute, mais en droit romain, l'hérédité testamentaire a toujours occupé le premier rang et toujours aussi on a admis que la volonté de l'homme peut faire des héritiers. Dans notre ancien droit au contraire, sauf exception peut-être pour l'institution contractuelle, l'homme ne faisait que des légataires et on ne connaissait que la succession *ab intestat*.

Même dans cette succession *ab intestat*, les principes du droit romain étaient bien différents. Ce droit avait d'abord organisé la succession *ab intestat* d'après la constitution de la famille civile, basée sur l'agnation; puis ensuite l'édit du préteur, les constitutions impériales, s'étaient attachées à donner une place de plus en plus large à la parenté naturelle. En dernier lieu Justinien, dans ses Novelles 118 et 127, avait complètement fait abstraction du principe de l'agnation et réglé la dévolution des biens *ab intestat* d'après l'affection probable du défunt. La succession *ab intestat* était ainsi devenue le testament présumé du défunt. D'ailleurs la notion de la copropriété de famille s'étant presque entièrement éteinte, on n'avait jamais songé, chez les Romains, à conserver les biens dans la famille, ni à reconnaître aux parents, même éloignés, et en cette seule qualité, des droits sur certains biens de la succession.

Dans notre ancienne France, à l'inverse, le droit coutumier réglait différemment les successions selon qu'il s'agissait d'acquêts ou de propres, de fiefs ou de tenures roturières. A vrai dire chacune de ces sortes de biens formait une masse spéciale et donnait ouverture à une succession régie par des principes particuliers. Pour les meubles et acquêts et aussi fort souvent pour les tenures roturières on en arriva à suivre un système de dévolution semblable à celui de Justinien. Mais les propres devaient avant tout revenir à la ligne d'où ils provenaient et, quant aux fiefs, leur succession subissait naturellement l'influence des obligations que la féodalité créait entre le seigneur et le vassal. Ce système peut d'ailleurs être déjà constaté dans les lois barbares; le droit féodal n'a fait que le compliquer. Ainsi on se souvient que la loi salique organise deux successions différentes, l'une pour les terres saliques, l'autre pour les autres biens et on a même, à tort peut-être, assimilé à une succession l'attribution à certains parents du vergeld du défunt en cas de meurtre. Cette prétendue succession au vergeld est réservée à ceux qui sont tenus au devoir de vengeance. Aussi les femmes en sont-elles exclues. Les fils eux-mêmes n'en héritent pas seuls : ils ne prennent que la moitié du vergeld; l'autre moitié est partagée entre les plus proches parents mâles des deux lignes qui sont en effet tenus avec les fils au devoir de vengeance. On sait également que la terre salique, c'est-à-dire la propriété immobilière des ancêtres, est réservée aux parents qui sont les défenseurs et les protecteurs de la famille. Aussi les femmes en sont-elles écartées ; de quelle manière et dans quelle mesure, c'est un point sur lequel il n'est pas nécessaire de revenir. Elles viennent au contraire sur les autres biens qui sont soumis, comme nous l'avons dit, à un troisième mode de dévolution.

La féodalité n'a pas touché à cette dernière succession qui se limitait en général aux meubles ; mais pour les immeubles devenus des fiefs, elle a été obligée de créer un nouveau système successoral surtout à l'effet d'assurer le service militaire ; de là sont nés le droit d'aînesse, la règle *feudum non ascendit*, peut-être aussi et suivant certains auteurs, le privilège de masculinité en ligne collatérale.

Pour les tenures en villenage, au contraire, ces particularités n'existaient pas, par cela même qu'elles ne devaient aucun service militaire ; au système des privilèges on préférait au contraire celui de l'égalité entre les héritiers. Mais le droit féodal fit sentir son influence même en dehors du régime des fiefs, notamment dans la distinction des biens en propres ou acquêts et la règle relative aux propres lui doit l'existence. On y a aussi rattaché la règle : *paterna paternis, materna maternis*.

Lorsque les fiefs étaient devenus héréditaires, on avait admis cette succession en ce sens que l'on considérait le seigneur comme concédant le bien au vassal actuel et indéfiniment à ses héritiers futurs. Ce système impliquait nécessairement que le fief resterait toujours dans la famille du premier vassal et il ne pouvait dès lors être question de donner en ligne collatérale, un fief de la ligne paternelle à un parent de la ligne maternelle ou réciproquement. Mais ensuite la féodalité s'affaiblit peu à peu et perdit complètement son caractère militaire. Cependant le système de succession aux fiefs ne fut pas changé. Il se maintint par une cause différente de celle qui l'avait fait naître. Il ne pouvait plus être question d'assurer le service des armes, mais on avait compris la nécessité de garantir contre toute atteinte la perpétuité d'un certain nombre de familles dans l'intérêt même de l'ordre de la noblesse, et les règles de succession aux fiefs s'adaptaient admirablement à ce nouveau besoin; de là le maintien du droit d'aînesse que l'on renforçait même par des procédés tels que les renonciations des filles à succession future et les substitutions, et par des règles rigoureuses destinées à assurer la conservation des biens dans les familles.

Il ne faudrait cependant pas croire que le droit romain n'ait exercé aucune influence sur les successions dans notre France coutumière. Dès les premiers temps, on lui empruntait le testament. Après la renaissance du droit romain, sans jamais reconnaître les héritiers testamentaires, l'existence de légataires universels fut cependant admise. La théorie de l'exhérédation, le système de la légitime, la computation civile, substituée à la computation canonique, ont aussi été pris au droit romain. Dans certains pays de coutume, voisins de ceux de droit écrit, on s'efforçait de faire pénétrer le système successoral de la Novelle 118. Les rappels à succession destinés à remplacer l'application de la Novelle par celle de la coutume étaient vus avec une certaine faveur. Mais on remarquera que cette action du droit romain s'est fait surtout sentir aux xve et xvie siècles, c'est-à-dire au commencement des temps modernes.

Pendant le moyen âge, l'influence romaine a été moins sensible. Le régime successoral était en réalité basé soit sur les traditions germaniques, soit sur le droit féodal. Aux traditions germaniques on avait emprunté la division des biens d'une même personne en plusieurs masses distinctes et indépendantes les unes des autres, meubles et acquêts, biens propres; la computation au moyen des parentèles; l'exclusion de la représentation qui s'introduisit seulement après le xvie siècle; enfin et surtout le principe de la copropriété et des devoirs de famille auquel se rattache l'exclusion des héritiers testamentaires. Le droit féodal a introduit la distinction des biens en nobles ou roturiers, le droit d'aînesse, le privilège de masculinité, la maxime *feuda non ascendunt* qui s'est bientôt étendue aux propres.

Le droit romain, resté debout dans les pays du Midi où il s'appliquait aux successions des alleux, surtout dans les familles d'origine romaine, entra en lutte avec la féodalité. Plus d'une fois les mœurs devenues féodales repoussèrent le régime d'égalité consacré par le droit romain au moyen des testaments et des renonciations à succession future, et on introduisit des privilèges de masculinité et de primogéniture. Toutefois, en sens inverse, dans un assez grand nombre de pays de coutume, le droit romain, de son côté, affaiblit sensiblement le droit d'aînesse et les privilèges de masculinité. Son action se fit surtout sentir dans les pays qui ne subissaient pas l'influence alors considérable du droit anglo-normand, du moins dans certaines parties de la France.

Au milieu de cette lutte générale, il est certaines parties de la France où l'on demeura fidèlement attaché, surtout parmi les vilains, au vieux principe de l'humanité primitive relatif à la communauté de famille. Chez les peuples encore en enfance, la communauté de famille est, comme on l'a dit très exactement, un fait purement matériel (1). Dans cette situation, les enfants quittent la famille à mesure qu'ils s'établissent; ils emportent d'ailleurs avec eux une sorte de pécule, par exemple une certaine quantité de bétail, à l'effet de fonder leur ménage, mais en retour ils sont exclus de la succession et c'est peut-être aussi à cet usage que se rattache le droit de succession du juveigneur dont nous aurons occasion de parler dans la suite. Chez les Lombards et chez les Saxons, le père, en émancipant son fils, lui donnait un pécule; l'enfant ainsi pourvu quittait la maison et était exclu de la succession. Cette sortie de la famille se retrouve aussi dans notre ancien droit sous le nom de *mise hors de pain*. Elle résulte même dans certains pays du seul fait de la part du fils, d'avoir pris un domicile distinct (2) ou bien dans d'autres, tout en restant dans la famille, d'y exercer un commerce séparé (3). D'après les anciens usages de l'Orléanais, les enfants émancipés et pourvus étaient exclus de la succession et il en était de même dans l'ancienne coutume de Paris (4). Nous verrons plus loin com-

(1) Voy. Viollet, *Précis de l'histoire du droit français,* p. 439.

(2) Beaumanoir, chap. XXI, nos 20 et 21, éd. Beugnot, t. I, p. 312. — Cpr. Coutume de Bordeaux, art. 2; coutume de Bretagne, art. 528.

(3) Cpr. Coutume de Reims, art. 7; coutume de Sedan, art. 6; coutume de Berry, art. 6.

(4) *Livre de jostice et de plet,* liv. XII, tit. 24, § 1 et tit. 21, § 5. — Desmares, *Décision 236.* — Laurière sur l'article 278 de la coutume de Paris.

ment cet état de choses s'est modifié; mais nous pouvons constater dès maintenant que dans certaines parties de la Marche et du Nivernais, la notion de la communauté primitive s'est conservée encore à un bien plus haut degré jusqu'à la fin de notre ancien droit. D'après l'article 154 de la coutume de la Marche, le seigneur succède à son serf mort sans descendants et sans parents vivant en communauté avec lui; laisse-t-il des parents communiers, alors ceux-ci sont préférés au seigneur (1). L'article 217 de la même coutume veut qu'à défaut de descendants, les parents qui vivaient en état de communauté avec le défunt, viennent à sa succession par préférence à ses parents hors de communauté, même dans le cas où ceux-ci appartiennent à des degrés plus rapprochés (2). Dans le Nivernais, pour pouvoir recueillir par succession la tenure de condition très inférieure appelée *bordelage*, il ne suffisait pas d'être parent du défunt selon les règles ordinaires des successions : il fallait aussi avoir été commun avec lui au temps du décès. Si aucun des lignagers du défunt ne réunissait ces conditions, l'héritage faisait retour au seigneur. Ce système de communauté s'était probablement maintenu pour empêcher les partages considérés comme cause de ruine dans les familles de paysans (3).

§ 2. Succession aux meubles et acquêts.

Au temps de Beaumanoir, il existait une grande variété dans le régime de succession des meubles et acquêts, comme

(1) Art. 154 de la coutume de la Marche, dans Richebourg, t. IV, p. 1113. Voy. toutefois une distinction faite par la fin de l'article et qu'il n'est pas nécessaire de rapporter.

(2) Coutume de la Marche, art. 217, dans Richebourg, t. IV, p. 1117.

(3) Dans le dernier état du droit, la règle posée au texte, comportait deux exceptions : les descendants succédaient alors même qu'ils vivaient séparés de leur auteur. En second lieu, il était permis de convenir au moment du bail que les héritiers auraient le droit de succéder sans avoir la qualité de communiers. La première de ces exceptions n'était pas encore consacrée par la coutume de 1490. Voy. à cet égard, *Coutume de Nivernais*, chap. 6. *De bordelage.* Cpr. Caillot, *La coutume de Nivernais,* p. 231 et suiv. La coutume du Bourbonnais, art. 492, n'admit jamais ces exceptions. On y lit en effet : « Nul ne succède en héritage taillable soient ses propres enfants ou autres, s'ils sont divisés ou séparés d'ensemble. »

des autres biens. La diversité était même peut-être plus grande encore que pour la succession aux fiefs. Le contact du droit romain, des coutumes et du droit féodal avait produit bien des rapprochements, mais en même temps et aussi beaucoup de confusion. On distinguait déjà plusieurs sortes de biens au point de vue des successions ; mais cependant les divisions n'étaient pas identiques à celles que nous retrouverons dans la suite. Ainsi Beaumanoir relève à ce point de vue trois sortes de biens, les meubles et acquêts, les propres et les biens nobles. Comme il se borne à constater le régime successoral du Beauvoisis, il ne dit rien des alleux qui n'existaient pas dans ce pays. Dans la suite on considéra la succession aux meubles et acquêts comme formant le droit commun et on admit sans difficulté que les règles relatives aux autres biens avaient un caractère exceptionnel. En Angleterre, au contraire, le régime de la succession aux fiefs a toujours formé le droit commun. Mais à vrai dire au temps de Beaumanoir, on ne paraissait même pas soupçonner l'existence de cette question ; chaque sorte de biens était soumise à un ensemble de règles particulières, sans qu'on recherchât si elles avaient un caractère de droit commun ou d'exception.

Beaumanoir nous affirme qu'il expose le régime successoral observé dans le comte de Clermont (1). Mais il est fort possible que dans son coutumier il ne se soit pas borné à commenter les usages et ait essayé à préciser certains points sur lesquels la coutume était obscure ou muette. La lecture de Beaumanoir sur ce sujet nous a amené à cette conclusion que ce grand jurisconsulte a en partie et pour certains parents, créé un système successoral particulier fondé sur un mode de computation de la parenté qui paraît être de son invention.

Beaumanoir distingue nettement deux cas de succession : le descendement si le défunt laisse des descendants ; l'esquéance s'il meurt sans descendants. Ceux-ci sont toujours préférés aux autres héritiers, quel que soit leur degré de parenté. Ces descendants se partagent les meubles et acquêts sans privilège d'aînesse ni de masculinité. Ils succèdent par

(1) Chap. XIV. Cpr. les chap. XVIII à XX.

proximité de degré, mais le droit de représentation n'existe
pas encore.

A défaut de descendants, Beaumanoir expose d'une manière assez obscure, le système successoral du comté de Clermont. Son obscurité tient à plusieurs causes : il admet un
système de computation de la parenté, très compliqué et qui
n'est ni celui du droit romain, ni celui du droit canonique (1);
il a une préférence marquée pour les ascendants, alors cependant que sa coutume est souvent en sens contraire. Son système se ramène en définitive aux solutions suivantes : les
père et mère viennent d'abord aux meubles et acquêts et à
leur défaut seulement les frères et sœurs, car, à égalité de
degré, la ligne directe doit l'emporter sur la ligne collatérale.
Ensuite sont appelés tous les autres collatéraux et ascendants,
mais par proximité de degré et de telle sorte que la ligne
directe l'emporte toujours sur la ligne collatérale. Le droit de
succession autrefois admis jusqu'au septième degré, est, d'a-
près Beaumanoir, limité au quatrième degré canonique. C'é-
tait aussi jusqu'à ce degré que l'Eglise prohibait le mariage et
on a pensé que la parenté devait être une cause de succession précisément dans la mesure où elle était un empêche-
ment au mariage. Toutefois on a toujours permis le retrait
lignager jusqu'au septième degré (2). Quant aux bâtards, ils
sont complètement exclus de la famille; ils appartiennent, eux
et leurs biens, au roi ou au seigneur; ils n'ont aucun droit de
succession, même vis-à-vis de leur mère, mais ils peuvent
recevoir des legs par testament (3).

En Normandie, la succession aux meubles et acquêts se
partage également entre descendants, sans distinction de sexe
ni d'âge. D'ailleurs la représentation est admise en ligne directe (4). A défaut de descendants, les ascendants sont appe-

____

(1) Ainsi d'après Beaumanoir, le père et la mère sont au premier degré
en ligne directe; mais il place aussi au premier degré en ligne collatérale,
les frères et sœurs de côté et l'oncle en remontant. C'est un système tout
à fait bizarre.

(2) Beaumanoir, chap. XII, t. I, p. 190.

(3) Beaumanoir, chap. XVIII, t. I, p. 290 et 293.

(4) *Grand coutumier de Normandie*, chap. 25 et 26, éd. de Gruchy,
p. 73 et 79. On lit dans ce dernier chapitre : « Les seconds parçonniers sont

lés à la succession d'après la proximité de degré. Enfin viennent les collatéraux. Parmi eux on préfère celui qui est du degré le plus proche et il peut ainsi arriver qu'un parent par les femmes passe avant le parent par les hommes (1). Mais à égalité de degré, au lieu d'admettre ces deux collatéraux en concours, on préfère le collatéral du côté paternel au collatéral du côté maternel (2). Il est fort probable que le droit de représentation n'existait pas encore dans la ligne collatérale à l'époque du Grand coutumier; elle n'apparaît même dans la coutume officielle de 1583 (art. 304) que d'une manière très restreinte (3).

Au xv⁰ siècle la législation relative à la succession aux meubles et acquêts s'était modifiée dans beaucoup de coutumes et tendait manifestement à une certaine unité. On en revint à la computation romaine; il y eut trois classes d'héritiers, descendants, ascendants, collatéraux et dans chaque classe on suivait la proximité du degré.

Arrêtons-nous un instant à ce système successoral des meubles ou acquêts pour la dernière partie de notre période. En règle générale, ces biens se partageaient également entre tous les enfants sans distinction de sexe (4). Cependant dans certaines coutumes le droit d'aînesse s'exerçait, même sur les meubles et acquêts, comme nous le verrons, en nous occupant de ce privilège.

A défaut de descendants, les ascendants étaient admis à la succession, aux meubles et acquêts ou conquêts immeubles;

---

ceulx qui n'attendent pas telle partie en l'héritage, mais y réclament aulcune chose : *Si comme sont les enfants à ung des frères qui est mort, qui doibvent partir entre eulx la partie qui appartenoit à leur père.* »

(1) *Grand coutumier de Normandie,* chap. 6.

(2) C'est ce que nous apprend la glose sur le *Grand coutumier,* chap. 25, éd. de 1523, col. 36, col. a : « *Se cil (le plus prouchain du lignage) du pere et c'il de la mere estoient en ung mesme degré de ligne, celuy du pere l'emporteroit pur dignite et n'y auroit rien celuy de la mere.* »

(3) Richebourg, t. IV, p. 71.

(4) *Anciennes coutumes des pays de Vermendois,* éd. Beautemps-Beaupré, n⁰ˢ 159 et suiv., p. 89. — *Livre de jostice et de plet,* p. 235, 236, 252. — *Anciennes coutumes d'Anjou et du Maine,* E, n⁰ 173, t. 1, p. 490; 1, n⁰ 304, t. III, p. 425.

ils formaient la seconde classe d'héritiers. Dans cette classe des ascendants, le plus proche excluait le plus éloigné. Ainsi le père et la mère venaient par préférence à tous autres et se partageaient la succession par moitié.

A défaut d'ascendants, la succession aux meubles et acquêts passait à la troisième classe, celle des collatéraux. En règle générale, le plus proche excluait le plus éloigné (1).

L'oncle et le cousin germain étant, d'après le droit canonique, parents au même degré, on s'était demandé s'ils devaient concourir. Mais le Parloir aux bourgeois, par sentence du 29 janvier 1287, se prononça en faveur de l'oncle et décida qu'il devait être préféré au cousin germain (2).

§ 3. SUCCESSION AUX FIEFS ; DROIT D'AÎNESSE.

Les traits les plus caractéristiques du régime successoral des fiefs sont le droit d'aînesse, l'exclusion des ascendants au moins à l'origine, et enfin la préférence au profit des hommes, aussi bien dans la ligne descendante que dans celle des collatéraux. Ce régime de succession aux fiefs a d'ailleurs mis un certain temps à s'établir (3). Il n'est pas né tout d'une pièce, mais s'est tout au contraire formé sous l'influence de traditions germaniques, sous celle des besoins de la féodalité et aussi par l'effet des clauses qu'on avait la coutume d'insérer au début dans les actes de concession de fiefs.

On se rappelle en effet, qu'à l'origine, le fief n'était pas héréditaire. Lorsque le vassal venait à mourir, le bien retournait au seigneur. On prit de bonne heure l'habitude d'insérer dans les concessions de fief, certaines clauses au profit du descendant du vassal. Ce système est resté très pratique en Angleterre et s'est même développé au point de donner naissance à

(1) *Livre des constitutions du châtelet*, § 19, éd. Mortet, p. 43. — *Des mares*, *Décision 93*.

(2) *Coutumes notoires*, n° 91.

(3) Nous avons longuement étudié le régime de succession aux fiefs dans notre *Histoire du droit et des institutions de l'Angleterre*, t. II, p. 268; t. III, p. 202; t. IV, p. 282. Nous ne pouvons que renvoyer à ces développements qui permettront de constater que le régime de succession des fiefs a sans cesse tendu à s'élargir en Angleterre, tandis qu'en France il s'est assez rapidement affaibli.

une certaine espèce de fiefs qu'on a appelés *fiefs taillés*. Elle porte ce nom parce que le concessionnaire a réglé d'une manière spéciale le mode de transmission de ces fiefs, dans l'acte même de concession (1). Ce procédé a été aussi fort usité en France, mais seulement dans les premiers temps. D'ailleurs l'acte de concession réglait la succession de manières très diverses : tantôt il était parlé du descendant mâle le plus âgé; d'autres fois des descendants du vassal les uns à défaut des autres; parfois même on employait le terme général d'héritier. Il y avait ainsi à vrai dire un régime successoral propre à chacun de ces fiefs. Mais en cette matière comme en toute autre, des usages ne tardèrent pas à se former et ainsi s'introduisit un droit commun de succession aux fiefs. On appliquait ce système toutes les fois qu'il n'y avait pas été dérogé par les termes de l'inféodation et il est facile de comprendre qu'un régime ordinaire de succession s'étant établi, on cessa, dans les actes de concession, de régler à l'avance la transmission des fiefs.

Ce régime ordinaire des successions féodales s'inspira tout naturellement des vieilles coutumes germaniques dans la mesure où elles étaient favorables au développement de la société nouvelle. C'est ainsi que la préférence au profit des mâles vis-à-vis des femmes, après s'être sans cesse développée dans les coutumes de l'époque franque, passa tout naturellement dans le droit féodal (2). Celui-ci alla même plus loin et il créa dans les successions le droit d'aînesse entre descendants mâles, parfois aussi entre les filles et enfin dans quelques coutumes, même entre collatéraux.

Ce serait une erreur de croire avec Loyseau que le droit d'aînesse ait existé dès l'origine des fiefs. D'abord il n'en pouvait être question avant l'époque où les fiefs furent héréditaires. Or cette hérédité des fiefs mit plusieurs siècles à s'établir. Si elle apparaît dès le viᵉ siècle en Bourgogne (3), au viiiᵉ siècle

---

(1) Voy. Littleton, sect. 13 et suiv., et notre *Histoire du droit et des institutions de l'Angleterre*, t. IV, p. 283.

(2) Nous avons montré dans la partie précédente, contrairement à l'opinion de la plupart des auteurs, que le privilège du sexe, déjà contenu dans la loi salique, au lieu de s'affaiblir, s'est sans cesse aggravé jusqu'à l'époque féodale.

(3) Loi de Gondebaud, tit. I, art. 3 et 4, dans Pertz, *Leges*, III, 532.

en Bavière (1), il n'en est pas moins vrai qu'on trouve encore
en France des fiefs viagers aux xıe et xııe siècles (2). Mais dès
le siècle suivant, tous les fiefs étaient héréditaires en France.
Rien n'est plus facile à expliquer que ce changement. Il suffit
de faire remarquer qu'il était conforme à la fois à l'intérêt du
concédant et à celui du concessionnaire. Ainsi nous avons vu
qu'à l'origine, l'acte même de création du fief régla aussi son
mode de transmission. Sans doute dans ce règlement conven-
tionnel de la succession aux fiefs, on pouvait établir qu'à la
mort du vassal le fief se transmettrait à son fils aîné. Mais ce
fait n'était pas le plus ordinaire. On lit dans certains actes que
le fief devant être indivisible, à la mort du vassal le suzerain
choisira pour le remplacer celui des héritiers qui lui paraîtra
le plus apte au service du fief (3). C'était encore là un fait à
l'origine tout à fait exceptionnel. On a commis une erreur lorsqu'on a dit que l'indivisibilité était de l'essence du fief, qu'elle
existait dès les premiers temps et avait produit le droit d'aînesse. Pour détruire cette assertion, il suffit de faire remarquer qu'en tout temps, même après l'établissement définitif
du droit d'aînesse, on a toujours admis, sauf dans certaines
provinces, que le père pouvait partager entre-vifs, sous forme
de donation, sa baronnie ou son fief entre ses fils (4). Mais il
y a plus : même après la formation d'un régime commun de
succession pour les fiefs, le droit d'aînesse n'apparaît pas
immédiatement. Ainsi on n'en trouve pas la moindre trace dans
les *Libri feudorum* ; il y est seulement question de l'exclusion
des femmes par les mâles, principe qui remonte, on s'en souvient, aux vieilles coutumes germaniques, notamment à la loi
salique.

(1) Gfrörer, *Zur Geschichte Deutscher Völksrechte im Mittelalter*, t.
I, p. 403, 426, 427.

(2) Voy. Meyer et Longnon, *Raoul de Cambrai*, p. xxxıı. — D'Espinay,
Etudes sur le droit de l'Anjou au moyen âge, dans la *Revue historique de droit français et étranger*, t. VIII, p. 546 et 547. — Teutey dans
les *Archives des missions scientifiques*, 3e série, t. VI, p. 334, note 4.

(3) Voy. un acte de 1152 dans Meyer, *Urkundenbuch*, t. I, p. 629.

(4) *Livre des droiz et des commandcmens*, no 426. Cet acte était toutefois interdit en Bretagne et en Normandie. Cpr., *Très ancienne coutume
de Bretagne*, chap. 209 ; *Grand coutumier de Normandie*, chap. 26.

D'après les *Libri feudorum* (1), le fief est partagé également entre les enfants mâles; le père ne peut pas en régler la dévolution par testament. D'ailleurs la représentation des fils par les petits-fils est admise. Mais le droit de succession ne s'étend pas en ligne directe au delà du second degré. Les filles sont exclues par les fils et quelquefois même elles ne viennent pas malgré le défaut d'enfants mâles. Quant aux ascendants, ils n'héritent pas des fiefs, et en ligne collatérale l'hérédité des fiefs n'existe qu'entre les frères et les fils de frères et encore ceux-ci ne succèdent-ils que si le fief n'est pas nouveau dans la personne du frère décédé, mais est paternel, c'est-à-dire provient de l'auteur commun. Enfin les fiefs de dignité, duchés, marquisats, comtés, ne sont pas héréditaires. Tel est l'ensemble du régime consacré par les *Libri feudorum* (2). Retenons-en pour le moment l'exclusion du droit d'aînesse, preuve manifeste que ce droit et l'indivisibilité du fief ne datent pas des premiers temps.

Ce système des *Libri feudorum* observé en Lombardie, a laissé des traces dans certaines parties de la France qui avaient été bien à tort rattachées à l'Empire. Ainsi l'acte de réunion du Dauphiné à la France, le statut de Humbert II de 1349, nous apprend que les fiefs, comme les autres biens, se partagent également entre les parents les plus proches et même sans distinction de sexe. Mais il est fort probable que dans ce pays l'influence du droit romain avait contribué à faire adopter ce système. Comment expliquer autrement l'admission des filles en concours avec les fils, même sur les fiefs et contrairement aux *Libri feudorum?* C'est de la même manière qu'on peut comprendre l'admission des ascendants à la succession aux fiefs, alors qu'en général ils en étaient exclus à cette époque (3). De même en Provence, sous l'influence du droit romain et probablement aussi du droit lombard, le droit d'aînesse n'existait pas, et les biens se partageaient également entre tous les enfants. Mais les mœurs féodales modifièrent cette loi des successions *ab intestat*. Les nobles, possesseurs

---

(1) *Libri feudorum*, lib. I, tit. 1, 8, 19.

(2) Voy. lib. 1, tit. 1, 8, 14 ; lib. II, tit. 11. 26, 50, 104.

(3) Voy. Salvaing, *Traité de l'usage des fiefs*, p. 10.

de fiefs, firent des aînés au moyen des testaments, et on écarta les filles des successions au moyen des constitutions de dot. Dès l'année 1142, la charte du consulat d'Arles excluait les filles dotées et leurs héritiers, sans distinction entre les familles nobles ou bourgeoises ; la même disposition se trouve dans les statuts de la ville de Salon et en 1472, sur la demande des États de Provence, cette disposition fut généralisée : il fut décidé que les filles des maisons nobles ou hautes devraient se contenter de leur dot toutes les fois qu'il existerait des héritiers mâles. Mais on ajouta que si la dot était reconnue insuffisante, la fille aurait droit à un supplément de légitime (1).

Dans les deux Bourgognes, le duché et le comté, nous constatons une influence beaucoup plus marquée du droit féodal lombard et des anciens usages germaniques. Ainsi la préférence résultant du sexe au profit des mâles existait aussi bien en ligne collatérale qu'en ligne descendante ; elle disparut cependant dès le XIIe siècle dans la ligne directe, mais elle se maintint dans la ligne collatérale (2). Toutefois le droit d'aînesse ne s'introduisit pas entre descendants et il en résulte

(1) Voy. sur ces différents points Charte du consulat d'Arles de 1142 ; statuts municipaux de Salon de 1293, renouvelés en 1365, dans Giraud, *Essai sur l'histoire du droit français au moyen âge*, II, 248 ; statuts de Provence et de Forcalquier, dans le *Coutumier général* de Richebourg, t. II, p. 1215.

(2) Otto de Frésinge, *De gestis Frederici*, lib. II, cap. 29 : « *Mos in illa (Burgundia) qui pene in omnibus Galliæ provinciis servatur, remansit quod semper seniori fratri ejusque liberis seu maribus, seu feminis, paternæ hereditatis cedat auctoritas, ceterisque ad illum tamquam ad dominum respicientibus.* » On remarquera que, d'après ce texte, si un partage de fief a eu lieu entre l'aîné et ses puînés, ceux-ci pour leurs portions relèvent directement de leur frère aîné et non du chef seigneur. Nous verrons bientôt qu'une ordonnance de Philippe-Auguste, du 1er mai 1209, eut pour objet d'obliger les frères puînés à rendre directement hommage de leur part de fief au chef seigneur et cette disposition fut observée plus tard dans le duché de Bourgogne. Voy. par exemple la coutume de Bourgogne de 1459, art. 17. Cpr. l'ancienne coutume éditée par Giraud, art. 177, 178, 181, 184. Mais cette innovation ne fut pas suivie dans le comté de Bourgogne qui, plus fidèle au système des *Libri feudorum* (lib. II, tit. 11) continua à observer le système déjà attesté par Otto de Fresinge. Quant au maintien de la préférence des mâles vis-à-vis des femmes dans la ligne collatérale, il est prouvé par l'art. 18 de l'ancienne coutume de Bourgogne. On trouvera ce texte dans Giraud, *op. cit.*, t. II, p. 272.

que, le privilège de masculinité ayant disparu, les fiefs se partagèrent également entre les fils et les filles (1).

Les coutumes d'Alsace consacraient aussi un système mêlé de droit romain, de droit germanique du *Miroir de Souabe* et des *Livres des fiefs*. Ainsi le fief se transmettait aux enfants mâles à l'exclusion des filles, mais sans droit d'aînesse ; c'était le système germanique. Toutefois, sous l'influence du droit romain et contrairement aux *Leges*, on admettait la représentation à l'infini en ligne directe. Lorsque le défunt n'avait laissé pour parent mâle qu'un ascendant, celui-ci ne succédait pas et le fief retournait au seigneur (2). La coutume de Metz admettait aussi d'une manière absolue l'égalité du partage dans les successions féodales et dans la suite cet usage fut tellement enraciné, que les gentilshommes du pays messin ayant réclamé l'introduction du droit d'aînesse en 1617, éprouvèrent de la part des États un refus catégorique. La coutume de Metz avait même aboli la préférence au profit des mâles, de sorte que tous les biens se partageaient également. Mais dans les autres parties de la Lorraine, on suivait en général le système du droit français qui consacrait le privilège de l'aînesse.

Quant à l'introduction du droit d'aînesse (3) en France, elle est due à plusieurs causes. Certains auteurs ont prétendu que ce droit n'avait jamais cessé d'exister, mais nous avons montré qu'il est impossible de le voir dans les dispositions des *Leges* relatives aux successions. Le droit d'aînesse était également inconnu en Angleterre avant la conquête des Normands (4).

(1) Ancienne coutume de Bourgogne, art. 39, dans Giraud, *op. cit.*, t. II, p. 296.

(2) Voy. à cet égard Laferrière, *Histoire de droit français*, t. V, p. 45.

(3) On attribuait la qualité d'aîné au premier enfant légitime né du mariage. La légitimation par mariage subséquent ne produisait pas effet rétroactif. Il pouvait résulter de là que l'aîné ne fût pas le plus âgé des enfants du défunt. Exemple : le *de cujus* a eu un bâtard, puis il s'est marié avec une femme autre que celle qui lui a donné ce bâtard et a eu un fils de ce premier mariage ; cette femme légitime étant morte, le *de cujus* a épousé sa concubine et a, par mariage subséquent, légitimé son bâtard ; celui-ci ne sera pas l'aîné quoiqu'il soit plus âgé que son frère né du premier mariage. Voy. Beaumanoir, chap. 18, n° 24, t. I, p. 292.

(4) Voy. ce que nous avons dit à cet égard dans notre *Histoire du droit et des institutions de l'Angleterre*, t. I, p. 123.

C'est donc aussi une erreur de prétendre que nous avons emprunté le privilège du droit d'aînesse au droit anglais. Ce qui est vrai, c'est que le droit d'aînesse a passé de France en Angleterre avec les Normands ; il s'est alors fortifié et développé sur le sol de la Grande-Bretagne ; puis ensuite ce droit d'aînesse, propre à l'Angleterre, a fait sentir son influence dans certaines parties de la France. Dans d'autres provinces, on a au contraire combattu cette influence ou tout au moins on y a résisté , et il s'est ainsi établi en France deux systèmes différents pour le droit d'aînesse : l'un s'efforçait de fortifier ce droit, l'autre s'attachait à l'affaiblir.

Il est certain que, déjà sous la seconde race, l'aînesse était, dans maintes circonstances, une marque de préférence. C'est pour cette cause que Louis le Débonnaire, partageant ses possessions entre ses fils, attribua l'empire à Lothaire (1). L'acte de partage de l'empire projeté par Louis le Débonnaire et réglé par un capitulaire de 817 (2) contient des dispositions très remarquables sur le droit d'aînesse : les puînés devront, au moins une fois par an, se rendre auprès de leur frère aîné et lui apporter des dons volontaires ; celui qui serait empêché enverra à sa place un légat ; les puînés ne peuvent faire ni la paix ni la guerre sans le consentement du frère aîné ; ils auront seulement le droit de réprimer les insurrections et d'arrêter les invasions subites ; les puînés ne pourront pas se marier sans le consentement de l'aîné ; si l'un des puînés vient à mourir, son autorité ne se partagera pas entre ses enfants, mais appartiendra à celui que désignera l'élection du peuple ; à défaut d'enfants, sa part reviendra à l'aîné ; enfin si l'un des puînés est encore mineur, d'après la loi ripuaire, l'aîné en aura la garde. On sait que cet acte a été plus tard reproché à Louis le Débonnaire comme un crime, mais il n'en est pas moins une manifestation éclatante en faveur du droit d'aînesse déjà considéré dans cet acte comme élément de supériorité et de puissance. Cette cause de préférence fut également suivie après la mort de Louis d'Outremer en 954 en faveur de Lothaire son

______

(1) Montesquieu en avait déjà fait la remarque dans son *Esprit des lois,* liv. XXXI, chap. 33.

(2) Voy. une charte de 892, citée par Laurière, v° *Aisneté*

fils aîné, lequel posséda le royaume à l'exclusion de son frère Charles.

Quant aux concessions de bénéfices ou de précaires, elles se transmirent héréditairement conformément aux chartes. On adopta, comme nous l'avons vu, des systèmes de succession très divers ; mais les concédants admettaient parfois que la terre passerait à l'aîné (1). Il ne faut pas non plus perdre de vue que, sous les premiers Capétiens, la monarchie, sans affirmer avec fermeté le droit d'aînesse, le pratiqua cependant pour la transmission de la couronne. Ce fait servit tout naturellement d'exemple. On comprit qu'il fallait empêcher les démembrements des fiefs aussi bien que celui de la couronne, et lorsque l'hérédité des fiefs fut établie d'une manière définitive après une lutte de plusieurs siècles, le droit d'aînesse devint un des caractères de la succession féodale.

Les anciennes coutumes de la France féodale contiennent sur le droit d'aînesse des dispositions très diverses. Sur quels biens s'exerce-t-il, sur les fiefs seuls ou encore sur d'autres ? Quelle est son étendue ? L'aîné exclut-il les puînés, ou les réduit-il seulement à une part inférieure ? Ce droit d'aînesse existe-t-il seulement entre les fils, ou bien faut-il aussi l'admettre entre filles ? Doit-on le limiter à la ligne directe, ou bien faut-il l'admettre même en ligne collatérale ? Il régnait sur tous ces points une grande diversité dans nos coutumes. Mais on peut cependant, comme nous l'avons dit, en dégager deux systèmes principaux et opposés : l'un s'efforce d'étendre et de fortifier le droit d'aînesse, l'autre s'attache à le limiter et à le restreindre.

En Angleterre, et déjà à l'époque de Glanville, le droit d'aînesse confère la totalité du fief militaire au plus âgé des enfants mâles. Les Normands venus en conquérants avaient compris la nécessité de s'organiser fortement pour tenir en respect les Saxons qu'ils avaient soumis à leur domination. Aussi Guillaume le Bâtard avait-il partagé tout le territoire de la Grande-Bretagne en un certain nombre de fiefs et exigé de tous les vassaux, qui relevaient directement de la couronne, le

____

(1) Baluze, t. I, p. 573 ; Walter, t. II, p. 309 ; Pertz, *Leges,* I, 198 ; Boretius, 270.

serment de fidélité à l'assemblée de Salisbury (1). Mais il fallait en outre assurer à chacun de ces fiefs un certaine puissance et à perpétuité ; c'est ce que l'on fit en proclamant l'indivisibilité du fief en matière de succession et sa transmission au profit exclusif de l'aîné. La couronne du duché de Normandie ne s'était-elle pas transmise ainsi autrefois, et on s'en était bien trouvé (2).

Le droit d'aînesse avait passé de Normandie en Angleterre (3); mais, au temps de Glanville, le droit de primogéniture ne s'appliquait encore qu'aux fiefs de chevalerie (4). S'agissait-il d'un socage, on le partageait entre tous les fils si, de tout temps, il avait été reconnu divisible et sauf un droit de prélèvement au profit de l'aîné; ce bien avait-il été de tout temps indivisible, alors dans certaines contrées on l'attribuait

(1) Qu'il me soit permis à cette occasion de répondre à une critique d'ailleurs très bienveillante qui m'a été faite à ce sujet, à propos de l'*Histoire du droit et des institutions de l'Angleterre.* On a dit que j'avais exagéré l'importance de cette assemblée. Il s'agissait là tout simplement de la réunion de vassaux prêtant à leur seigneur le serment de fidélité suivant l'usage féodal. Cette objection a le tort de ne pas tenir compte des circonstances dans lesquelles s'est produit cet acte mémorable. Guillaume le Bâtard venait de partager entre ses compagnons tout le sol de la Grande-Bretagne ; il voulait maintenant constater que tous les seigneurs locaux relevaient directement de lui et affirmer sa suprématie universelle. C'est de ce jour que le sol anglais tout entier est devenu féodal et est resté tel au travers des siècles. Aussi admet-on encore aujourd'hui une sorte de domaine éminent au profit de la couronne. En France, au contraire, et surtout au moyen âge, une grande quantité de terres ont échappé au régime féodal et nous n'admettons pas au profit de l'État une propriété supérieure qui dominerait la propriété privée. Il est même fort douteux qu'un pareil droit ait été autrefois reconnu au roi sur le territoire du royaume.

(2) Voy. sur la transmission de cette couronne, Phillips, *Englische Reichs- und Rechtsgeschichte seit der Ankunft der Normannen,* t. I, p. 1 et suiv.

(3) Voy. ce que j'ai dit dans mon *Histoire du droit et des institutions de l'Angleterre,* t. II, p. 270.

(4) Glanville, lib. VII, cap. 3, § 2 : « *Si plures reliquerit filios tunc distinguitur utrum ille fuerit miles sive per feodum militare tenens aut liber sokemannus; quia si miles fuerit vel per militiam tenens, tunc secundum jus regni Anglie primogenitus filius patri succedit in totum, ita quod nullus fratrum suorum partem inde de jure petere potest.* »

aussi à l'aîné, dans d'autres au puîné (1). Dans la suite et au temps de Bracton, le droit d'aînesse autrefois limité aux tenures à service militaire, concerne même celles qui ne présentent pas ce caractère (2). Enfin au temps de Littleton, on distingue deux sortes de biens, les biens réels et les chattels, et le système de la succession féodale avec le droit d'aînesse, s'applique aux premiers qui seuls ont une valeur réelle et constituent la fortune (3).

Ce principe de l'indivisibilité du fief avec le droit d'aînesse absolu comme conséquence nécessaire a passé en France dans plusieurs provinces, sous l'influence directe et manifeste de l'Angleterre. Aussi la Normandie a été considérée avec raison comme étant en France le pays par excellence du droit d'aînesse et de l'indivisibilité du fief. Pour ce pays, l'influence de l'Angleterre ne saurait être contestée. Les plus anciens textes du droit normand nous apprennent que les fiefs de haubert ou de chevalerie, les comtés, les baronnies, les sergenteries, relevant directement du duc, sont indivisibles et profitent exclusivement à l'aîné (4). Les tenures roturières, les vavassoreries et les bourgages seuls se partagent (5). Encore est-il nécessaire d'établir une distinction pour les vavassoreries. Les plus importantes avaient le caractère de fiefs ordinaires et, à ce titre, elles allaient à l'aîné, sauf une certaine part en propriété pour les puînés, lesquels, jusqu'au sixième degré, tenaient en parage avec l'aîné (6). Mais dans la suite et bien

(1) C'était dans ce dernier cas l'application du droit de maisneté ou de uiveignerie que nous expliquerons plus tard.

(2) Voy. Bracton, fol. 64. — Cpr. *Histoire du droit et des institutions de l'Angleterre,* t. III, p. 202.

(3) *Histoire du droit et des institutions de l'Angleterre,* t. IV, p. 282. On verra aussi comment l'usage des testaments et des substitutions a encore développé en Angleterre le droit d'aînesse.

(4) *Très ancien coutumier de Normandie,* éd. Tardif, chap. 8 et 83, p. 8 et 91. — *Grand coutumier de Normandie,* chap. 26 et 99, éd. de Gruchy, p. 81 et 236. — Cpr. Coutume de 1583, art. 335 et suiv.

(5) *Partibilis autem dicitur hereditas in quam nullam custodiam possunt domini reclamare, ut vavasoriæ et omnia alia tenementa minora et etiam servilia et borgagia.* Cpr. *Grand coutumier de Normandie,* p. 26, éd. de Gruchy, p. 80.

(6) A partir du septième degré, les héritiers du puîné tenaient en hommage et le démembrement du fief était accompli.

manifestement sous l'influence du droit anglais, les puînés n'obtinrent plus leur part qu'en jouissance et non en propriété (1). Terrien distingue très nettement deux sortes de vavassorerie, les unes nobles, les autres roturières, et bien qu'il n'en parle plus à propos des successions, il résulte nettement de ses explications que les unes sont soumises au système des biens nobles et les autres à celui des tenures en bourgage (2). Le droit d'aînesse en ce qui concerne les biens nobles, s'appliquait même aux fiefs sans glèbe ou fiefs en l'air qui s'étaient introduits en Normandie comme en Bretagne, par imitation du droit anglais (3).

Cependant pour comprendre les effets du droit d'aînesse en Normandie, il importe de s'attacher à la nature des biens laissés par le défunt dans la succession. Suivant les circonstances, le droit d'aînesse ne supprimera pas d'une manière sensible l'égalité entre les fils du défunt ou au contraire causera un grave préjudice aux puînés.

Supposons d'abord que la succession comprenne plusieurs biens impartageables, baronnies, sergenteries relevant du duc, fiefs de haubert, et des biens partageables, des eschaettes, c'est-à-dire « des héritables et des terres non nobles qui sont de la succession des prédécesseurs (4), » par exemple des tenures en bourgage ou certaines vavassoreries. Dans ces circonstances, l'ensemble des biens du défunt se répartit entre tous ses fils. Les lots sont faits par un des puînés; la coutume lui impose seulement l'obligation de ne pas diviser les fiefs impartageables et elle lui recommande même d'éviter le morcellement inutile des autres biens. Il peut donc arriver, dans ces circonstances, que chaque fils obtienne un ou même deux fiefs nobles s'il en existe autant ou plus que d'enfants mâles. Le seul droit propre à l'aîné consiste à exiger le principal

(1) Voy. Laurière, *Glossaire*, v° *Parage*. — Bouteiller, *Somme rural*, liv. I, tit. 84. — *Style de procéder en Normandie*, titre *Des successions*, dans Rouillié, 2e partie, fol. 72.

(2) Terrien, *Commentaire du droit civil tant public que privé observé au pays et duché de Normandie*, p. 172.

(3) Voy. Houard, Introduction à son *Dictionnaire du droit normand*, p. 33. Cpr. Coutume de Normandie, art. 157.

(4) Terrien, *Commentaire du droit civil tant public que privé observé au pays et duché de Normandie*, p. 206.

manoir et encore à la condition de tenir compte de sa valeur à ses frères. L'ancienne coutume de Normandie prévoit même le cas où le puîné aurait fait les lots de manière à avantager son aîné aux dépens des autres enfants mâles et il permet alors aux intéressés de demander un partage en justice, lequel est fait par douze jurés. Une fois les lots établis, l'aîné choisit le premier (1).

Les choses ne se passent pas autrement lorsque la succession ne comprend qu'un bien impartageable, par exemple un fief de haubert et plusieurs biens partageables. L'aîné a encore le choix le premier et il peut même, si ce parti lui paraît le plus avantageux, prendre sa part de succession sur les eschaettes et laisser à un de ses frères le fief impartageable ; seulement dans ce cas il a droit à une quotité de biens partageables représentant la même valeur que le fief de haubert. Il va sans dire que l'aîné prendra ce parti lorsque les eschaettes auront à son avis plus de valeur (2). Il pouvait donc ainsi arriver que le fief de famille, au lieu d'aller à l'aîné, passât dans les mains d'un des puînés comme le fait lui-même remarquer l'auteur du Très ancien coutumier de Normandie. D'ailleurs, l'aîné seul avait la saisine avec la possession de toute la succession et même la qualité d'héritier, jusqu'au partage, mais il ne pouvait opposer aucune prescription contre ses puînés, car il possédait à la fois en leur nom et au sien propre (3). Il n'en est pas moins vrai que dans ces diverses circonstances, le privilège de l'aîné n'avait pas une importance considérable et ne portait pas un sérieux préjudice aux puînés.

Mais la situation était bien différente lorsque la succession se composait pour tout bien d'un fief impartageable, une ba-

---

(1) *Grand coutumier de Normandie*, chap. 26, éd. de Gruchy, p. 79. — *Très ancien coutumier de Normandie*, chap. 8, p. 8 et chap. 83, p. 91 de l'éd. Tardif.

(2) *Très ancien coutumier de Normandie*, chap. 8, éd. Tardif, p. 8 : « *Miles primogenitus feodum lorice integrum habebit, et non partietur ; ceteri vero escœtas habebunt equaliter. Si vero escœte melius valebunt quanto lorica, juxta valitudinem lorice et escœtarum fideliter partiuntur, ita quod miles primogenitus vel in lorica vel in escœtis suam eligat portionem, juxta valorem lorice.* »

(3) Terrien, *op. cit.*, p. 203. Cpr. *Grand coutumier de Normandie*, chap. 25, p. 74 de l'éd. de Gruchy, et chap. 99, p. 238.

ronnie par exemple, une sergenterie relevant du duc, un fief de haubert. Dans ce cas, l'aîné seul avait droit à ce bien; en réalité, seul, il obtenait toute la succession, mais à charge d'assurer l'existence de ses puînés. A cet effet il leur abandonnait, à titre de jouissance, une portion du fief et à la mort de chaque puîné, sa part d'usufruit faisait retour à l'aîné (1). Il y a mieux : malgré l'indivisibilité, l'aîné aurait pu donner à ses puînés des parts en propriété (2). Certains auteurs ont même prétendu que ces parts s'étaient élevées au tiers du fief comme en Bretagne; mais c'est là une pure conjecture qui ne repose sur aucun texte. Lorsque l'aîné avait ainsi abandonné une terre à un puîné à titre de partage et avait exigé de lui la foi et l'hommage, si plus tard ce puîné venait à mourir sans descendants, l'aîné n'héritait pas de cette terre. C'était une conséquence d'un principe féodal consacré par le droit anglais, que nous retrouvons encore dans d'autres provinces de France, notamment en Bretagne, et suivant lequel il y avait incompatibilité entre les qualités de seigneur féodal et d'héritier présomptif d'une même terre (3). Mais si l'aîné n'avait pas exigé de son puîné qu'il lui rendît hommage, alors la terre lui faisait retour en cas de décès de ce puîné sans descendant. C'est en partie pour obtenir ce résultat qu'on imagina la tenure en parage, dans laquelle les puînés et leurs héritiers ne rendaient pas hommage à l'aîné ni à ses représentants, tant que duraient ces parages.

Lorsque le frère aîné était mort au moment du décès du père, le droit d'aînesse était alors exercé par celui des enfants mâles qui se trouvait le plus âgé à cette époque. Cette solution avait toutefois soulevé des difficultés pour le cas où il existait un fils du fils aîné prédécédé. Déjà au temps de Glanville en Angleterre, on discutait vivement sur le point de

(1) *Très ancien coutumier de Normandie,* chap. 83, éd. Tardif, p. 92 : *Si unicum sit feodum, primogenitus illud habebit et aliis faciet liberationes quamdiu vixerit, secundum quantitatem tenementi.* »

(2) Certains manuscrits paraissent même indiquer cette option, car ils parlent de *portiones et liberationes.*

(3) Voy. à cet égard Glanville, lib. VIII, cap. 1; *Très ancien coutumier de Normandie,* chap. 34. — Cpr. ce que j'ai dit dans mon *Histoire du droit et des institutions de l'Angleterre,* t. II, p. 279.

savoir à qui il fallait attribuer la succession lorsque le défunt laissait un petit-fils d'un fils aîné prédécédé et un fils puîné. Etait-ce l'oncle ou le neveu qui devait hériter? L'oncle était certainement d'un degré plus rapproché que le neveu, et pour ce motif certains jurisconsultes lui donnaient la préférence. D'autres prétendaient que le petit-fils avait pris dans la succession de son père le droit que celui-ci avait au fief et devait ainsi exclure son oncle. Toute la question revient à se demander, comme on le voit, s'il faut dans ce cas admettre ou repousser le système de la représentation. Glanville tranche la question par une distinction : il préfère le petit-fils du défunt, mais à la condition que son père, prédécédé, ait été déjà admis avant sa mort à prêter l'hommage au seigneur (1). Dans la suite, sous le règne de Henri III, la question fut définitivement tranchée en Angleterre en faveur de la représentation : on préféra le petit-fils représentant le fils aîné prédécédé, au plus âgé des fils survivants (2).

La même controverse a existé en Normandie et elle a laissé des traces. Dans un passage, le *Très ancien coutumier* de Normandie donne la préférence au fils puîné survivant vis-à-vis du petit-fils né du fils aîné prédécédé; mais dans un autre, il admet au contraire la représentation. On ne peut expliquer cette contradiction que de l'une ou de l'autre de ces manières : ou bien l'auteur du *Très ancien coutumier* a puisé à deux sources différentes et en sens contraire, sans s'en apercevoir, ou bien son manuscrit a été interpolé après coup dans un des deux passages (3). Cette seconde solution nous paraît la plus vraisemblable : le chapitre 12 a été altéré en faveur du système de la représentation. Le *Grand coutumier* de Normandie contient aussi des traces de cette controverse. Il nous apprend qu'autrefois le système de la représentation l'avait emporté, qu'ensuite et tout récemment, on s'était arrêté au

____

(1) Glanville, lib. VII, cap. 3, § 8. Voy. ce que j'ai dit à cet égard dans mon *Histoire du droit et des institutions de l'Angleterre*, t. II, p. 273 et suiv.

(2) Bracton, lib. II, cap. 30, § 2.

(3) *Très ancien coutumier de Normandie,* chap. 12 et 32, éd. Tardif, p. 12 et 27. Cpr. Brunner, *Das anglonormannische Erbfolgsystem*, p. 44.

système contraire : le second fils venait à défaut du premier
et excluait le fils de son frère aîné. Cette mauvaise coutume
aurait été introduite « *par la force des puissants hommes*, »
bien qu'elle fût contraire au principe ordinaire de la représentation (1). On sait qu'en Angleterre le roi Jean avait écarté
du trône son neveu Arthur en lui contestant ce droit de représentation, et il avait fait tout ce qui était en son pouvoir pour
que cette doctrine l'emportât. Mais après lui, sous le règne de
Henri III, la question fut définitivement tranchée en sens contraire (2).

Quant aux filles, leur situation était très nette : sur les fiefs
impartageables, elles étaient toujours exclues par leurs frères
en vertu du privilège de masculinité, mais elles partageaient
également avec eux les autres biens, notamment les tenures
inférieures telles que les bourgages et les meubles. Lorsque
le défunt n'avait laissé que des filles, on procédait entre elles
à un partage égal, même s'il s'agissait de fiefs de haubert ou
de sergenterie; l'indivisibilité du fief cessait en pareil cas (3),
mais il subsistait quelque chose du droit d'aînesse. En effet, la
sœur aînée jouissait d'un avantage important : elle avait droit
au principal manoir et ses sœurs tenaient d'elle (4). On peut
dire en ce sens que l'aînesse produisait aussi certains effets
entre filles, mais elle y était beaucoup moins absolue qu'en
Bretagne; dans ce dernier pays la fille aînée jouissait vis-à-
vis de ses sœurs des mêmes prérogatives que le fils vis-à-vis
de ses frères.

Lorsque le défunt avait laissé des fils et des filles et qu'il se
trouvait seulement dans sa succession un fief impartageable,

______

(1) *Grand coutumier de Normandie*, chap. 100 (99), éd. de Gruchy,
p. 238 : « *Notandum tamen est, quod de novo introducta est quædam
consuetudo huic antiquæ consuetudini contraria; videlicet quod si quis
duos habuerit filios, et primogenitus, suscepto de uxore sua filio, decesserit, postea vero patre decedente, non nepos, qui filius est primoge-
niti, ejus saisinam obtinebit; sed eam filius superstes habebit, licet in
nullo alio casu hæc reprobanda consuetudo conservetur, quæ non jure
vel consuetudine, sed vi et oppressione potentium, fuit introducta.* »
(2) Voy. à cet égard Hale, *History of the common law*, chap. 6.
(3) *Grand coutumier de Normandie*, chap. 26, éd. de Gruchy, p. 86.
(4) *Très ancien coutumier de Normandie*, chap. 9, p. 9 de l'éd. Tardif. — *Grand coutumier de Normandie*, chap. 26.

par exemple un fief de haubert, alors de même que les frères puînés avaient droit à une part en viager, de même les filles pouvaient prétendre à un *mariage avenant*, c'est-à-dire à une dot, *maritagium* en propriété et en rapport avec leur condition sociale.

Ces filles étaient ainsi mieux traitées que les puînés, en ce sens qu'elles obtenaient des biens en propriété, meubles ou immeubles. Si le fils aîné ne voulait pas les marier dans l'an et jour de l'ouverture de la succession, il devait alors laisser à ses sœurs le tiers de l'héritage, en supposant qu'il n'eût pas de frère; dans le cas contraire, c'est-à-dire s'il y avait à la fois des frères et des sœurs, celles-ci n'obtenaient pas le tiers de l'héritage, mais ce tiers se partageait également entre les frères et sœurs. En pareil cas, cette part du tiers n'était-elle attribuée qu'en usufruit, même aux sœurs et non pas en propriété, précisément parce qu'il ne s'agissait plus d'une constitution de dot? Le *Grand coutumier* ne s'explique pas nettement sur ce point. Cette solution pourrait se dégager plutôt de l'assimilation faite pour ce cas entre les frères et les sœurs. Or nous avons vu que les premiers avaient seulement droit à une part en usufruit. Mais ne pourrait-on soutenir en sens inverse que cette solution se limite au cas où le fils aîné n'avait que des frères puînés et que s'il existait à la fois des frères et des sœurs, ils pouvaient alors tous prétendre à un bien en propriété (1)? La vraie solution nous paraît toutefois donnée d'une manière très précise par *le style de procéder* au titre *de succession*. Il y est dit que dans le bailliage de Caux où s'étaient le mieux conservées les anciennes coutumes : « Les sœurs ont part et portion en l'héritage pour le refus ou délai de leur frère aisné, de les marier, les frères puisnez et les sœurs en semble ne peuvent avoir.... que le tiers de la succession, c'est à savoir les frères puisnez à vie et les sœurs à l'héritage (2). »

Au temps de Terrien, dans ce pays de Caux, on observait encore les anciens usages sans aucune modification. Sauf

____

(1) Voy. *Très ancien coutumier de Normandie*, chap. 82, p. 92 de l'éd. Tardif. — *Grand coutumier de Normandie*, chap. 26, p. 84 de l'éd. de Gruchy.

(2) Terrien, *op. cit.*, p. 210.

exception pour les tenures en bourgage, l'aîné était seul héritier et les puînés ne pouvaient prétendre qu'à une provision à vie. Encore cette provision ne pouvait-elle porter que sur le tiers de l'héritage, quel que fût le nombre des frères puînés (1). Ce qui était surtout particulier au pays de Caux, c'est que tous les biens, à l'exception des bourgages, étaient considérés comme fiefs nobles indivisibles, tandis que dans les autres parties de la Normandie, il y avait encore d'autres biens qui se partageaient également entre tous les enfants. Il pouvait arriver aussi parfois que le père, avant sa mort ait eu le soin de doter sa fille en propriété et alors elle gardait dans tous les cas cette dot, même si elle était bien supérieure à la part qu'elle aurait eu le droit de réclamer à son frère dans la succession (2).

Le droit d'aînesse existait en Normandie même en ligne collatérale : c'était aussi le système de l'Angleterre comme nous l'avons établi ailleurs (3). Ce droit d'aînesse en ligne collatérale était même consacré par la nouvelle coutume de Normandie (4).

En Bretagne certains fiefs ont été indivisibles et à ce titre transmissibles à l'aîné seul dès les premiers siècles du moyen âge. Hévin en a donné la preuve pour la maison de Fougère où les aînés succédaient seuls à leur père et les puînés ne recevaient que des apanages; il en a trouvé d'autres exemples dans l'*Histoire de la maison de Vitré*, composée par Pierre le Baud (5). Mais c'était là, avant l'*Assise* du comte Geffroy, un

---

(1) Sur ces différents points, voy. Terrien, *op. et loc. cit.*, et p. 200 Voy. aussi ce que nous avons dit dans notre *Histoire des droits et des institutions de l'Angleterre,* t. II, p. 271, note 37.

(2) *Très ancien coutumier de Normandie,* chap. 10, nᵒ 2, p. 10 de l'éd. Tardif.

(3) *Histoire du droit et des institutions de l'Angleterre,* t. II, p. 278.

(4) Cauvet, *De l'organisation de la famille d'après la coutume de Normandie,* p. 97.

(5) Voy. Hévin, *Consultations,* p. 43 et sur Frain, p. 510 et 521. Cpr. Planiol, l'*Assise au comte Geffroy,* nᵒ 23, p. 26. Hévin a établi cette indivisibilité des terres antérieure à l'Assise du comte Geffroy, contrairement à l'opinion de d'Argentré et de Blois. Ceux-ci pensent à tort qu'avant l'assise de Geffroy, le système du partage égal entre tous les enfants existait même pour les nobles. Voy. d'Argentré, *Partage des nobles;* de Blois, *Études sur les successions bretonnes,* dans le *Bulletin archéologique de l'association Bretonne,* année 1852, t. IV.

fait exceptionnel. Cette Assise du comte Geffroy posa en principe qu'à l'avenir les baronnies et les fiefs de chevalier situés en Bretagne, ne pourraient plus être partagés, que l'aîné en hériterait seul à charge de pourvoir ses puînés honorablement selon ses moyens (1). Ce principe de l'Assise est sans aucun doute d'importation anglaise. Il faut rappeler en effet que Geffroy, duc de Bretagne, était un Plantagenet, fils du roi d'Angleterre Henri II, frère de Richard Cœur de Lion et de Jean sans Terre. Il avait été fiancé dès l'âge d'un mois à la fille unique de Conan. Celui-ci ne tarda pas à être obligé d'abandonner le pouvoir au roi d'Angleterre Henri II qui l'exerça pendant toute la minorité de son fils. Ce fut seulement en 1182 que Geffroy se maria et fut mis à la tête de son duché. Il mourut dès l'année 1186, à Paris, à la suite d'une chute dans un tournoi. Mais il eut pendant son court règne le temps de proposer à ses prélats et barons bretons qui l'acceptèrent, une réforme considérable dans la transmission des fiefs par succession. Cette réforme lui fut inspirée par le droit de l'Angleterre. Il suffit pour s'en convaincre de se rappeler la race à laquelle appartenait le comte Geffroy et de rapprocher de l'Assise les principes contenus dans Glanville, et aussi dans un coutumier connu sous le nom de *Lois de Henri Ier* (2). Les prélats et barons acceptèrent volontiers cette innovation et donnèrent leur consentement dans une assise où fut rédigé le texte de l'ordonnance ; de là le nom d'Assise au comte Geffroy dont les dispositions ne furent pas imposées par le comte aux barons, mais tout au contraire librement acceptées. L'Assise est un véritable pacte délibéré et consenti entre Geffroy et ses barons. Les actes de ce genre étaient très fréquents à cette époque, soit de la part du roi, soit de la part des grands vassaux de la couronne. Cette indivisibilité du fief fut certainement établie pour les baronnies et les fiefs de chevalier (3). A l'ori-

----

(1) On trouvera le texte de l'*Assise au comte Geffroy*, avec des indications bibliographiques très complètes, dans Planiol, *op. cit.*, n°s 1 à 15, p. 1 et suiv.

(2) *Lois de Henri Ier* dans Houard, *Coutumes anglo-normandes*, t. I, p. 340; Glanville, lib. VII, cap. 3.

(3) D'après un rôle de 1294, il y avait à cette époque en Normandie 166 fiefs de chevaliers. Voy. Planiol, *op. cit.*, p. 21. Quant aux baronnies, voy. *ibid.*, p. 35.

gine, elle avait pour objet, on s'en souvient, d'assurer le service militaire et dans la suite elle se maintint comme le moyen le plus efficace d'assurer aux familles la puissance et la perpétuité. Mais on ignore si le régime de l'Assise s'appliquait aux fiefs connus sous le nom de sergenteries (1).

Suivant les prescriptions de l'Assise, dans chaque famille l'aîné et les puînés devaient jurer d'en observer les dispositions. L'Assise ne dit pas à quel moment, mais c'était évidemment à l'époque de l'ouverture de la succession. Il faut d'ailleurs bien s'entendre sur le sens de ce serment. L'Assise avait en vue la convention relative au partage de la succession ; elle voulait que cette convention fût conforme à ses dispositions et, suivant l'usage du temps, cet accord, comme fort souvent les autres contrats, était confirmé et garanti par serment. Voilà en quel sens l'aîné et les puînés devaient jurer l'assise. Pour le cas où un puîné aurait refusé de prêter ce serment, il aurait été, à titre de peine, privé de tout droit dans la succession (2). Mais que serait-il arrivé si l'aîné lui-même avait refusé d'accepter l'assise par son serment? Il est probable que dans ce cas, la baronnie ou le fief serait resté soumis à l'ancien système successoral et on s'explique ainsi que, dans la suite, à côté des fiefs d'Assise, il ait existé un certain nombre de terres nobles qui échappaient au principe de l'indivisibilité (3). Lorsque des doutes s'élevaient à l'ouverture d'une

(1) Nous nous sommes longuement expliqué sur les deux espèces de sergenteries qui existaient en Angleterre. En Bretagne elles étaient aussi de deux sortes : les sergents féodés étaient chargés de faire les significations pour le compte du duc, de percevoir ses revenus, d'exploiter pour les particuliers, de faire la police des audiences, de la cour de justice et des États. Les autres sergents étaient de véritables écuyers, chargés d'un service militaire inférieur. Voy. Hévin, *Questions féodales,* p. 79, 94, 258, 273, 278; *Annotations sur les plaidoyers de Frain,* p. 369 et suiv. Voy. aussi ses troisième et quatrième consultations. Cpr. Planiol, *op. cit.,* nos 34 et 35, p. 39.

(2) Voici cette disposition : « *Hanc Assisam ego Gaufridus, dux Britanniæ, et Constancia uxor mea et omnes barones Britanniæ juravimus tenere. Decrevimus etiam necessarium ut et majores natu et juniores eam jurarent tenendam, et si juniores nollent jurare, amplius nec in terris nec in denariis partem essent habituri.* » Cpr. Planiol, *op. cit.,* p. 5.

(3) Voy. une explication différente dans Planiol, *op. cit.,* no 36, p. 42.

succession, sur le point de savoir si un fief était ou non soumis
à l'Assise, on s'en rapportait à l'usement, c'est-à-dire à l'u-
sage antérieur.

Toutes les fois que l'Assise ne s'appliquait pas, le fief et les
autres biens se partageaient également entre tous les enfants ;
mais dans beaucoup de familles nobles on donnait à l'aîné un
préciput dont la quotité paraît avoir varié selon l'usage propre
à chacune d'elles (1). S'agissait-il d'une succession soumise à
l'Assise, alors la seigneurie tout entière de la baronnie ou de
la chevalerie allait au frère aîné, à l'exclusion de tous autres.

A défaut de fils, le fief passait à la fille aînée. En d'autres
termes, le droit d'aînesse existait entre filles comme entre fils.
Chose remarquable, dans la plupart des coutumes, au contraire,
les filles partageaient également entre elles à défaut de fils.
Certaines coutumes seulement admettaient le droit d'aînesse
entre les filles; c'étaient celles qui, en général, consacraient un
régime successoral semblable à celui du comte Geffroy. Mais
ce droit d'aînesse entre les filles était beaucoup moins absolu
qu'en Bretagne : il consistait dans un préciput et, par exemple, dans le principal manoir. Tel était déjà le système consacré par la très ancienne coutume de Normandie (2). Ce régime était précisément conforme à celui du droit anglais.
Glanville nous apprend que si le possesseur d'un fief de
chevalerie mourait en ne laissant que des filles, celles-ci se
partageaient la succession, sauf attribution du principal manoir
à l'aînée (3). Mais, en Bretagne, l'Assise ou plus exactement
son application avait, comme on l'aura remarqué, exagéré le
système du droit anglais en appliquant le droit d'aînesse en-

____

(1) *Très ancienne coutume de Bretagne,* chap. 207. — D'Argentré,
Partage des nobles, 4ᵉ proposition. — Hévin, *Consultations,* p. 533;
Hévin sur Frain, p. 565. — Planiol, *op. cit.,* p. 45.

(2) *Très ancien coutumier de Normandie,* éd. Tardif, cap. 9, *De por-
tione sororum,* p. 9. — *Grand coutumier de Normandie,* chap. 6, éd.
Gruchy, p. 79. — *Coutume de Normandie* de 1583, art. 272. — Cpr. Beaumanoir, chap. XIV, § 4 et 9. — *Établissements de saint Louis,* éd. Viollet,
liv. I, chap. 12, t. 1, p. 23. — *Anciennes coutumes d'Anjou et du Maine,*
A, nᵒ 63, B, nᵒ 4, C, nᵒ 4, E, nᵒ 153, t. I, p. 54, 71, 188, 475; F, nᵒˢ 426,
428, 438, t. II, p. 165, 166, 170 ; I, nᵒˢ 183 et 185, t. III, p. 324, 326.

(3) Glanville, lib. VII, cap. 3, § 4..... *Sin autem plures filias tum quidem indistincte inter ipsas dividetur hereditas, sive fuerit miles sive*

tre les filles, d'une manière aussi absolue qu'entre les enfants
mâles.

Toutefois, pour que les fils puînés ne fussent pas réduits à
l'indigence, l'Assise voulait que l'aîné leur fît une rente via-
gère dont le montant dépendait de ses ressources. Elle permettait même le partage en rente, *in denariis*, par opposition
au partage en propriété et à la suite d'une interprétation exten-
sive, peut-être même abusive, les aînés cédèrent certaines
terres de la seigneurie à leurs puînés en usufruit (1). On ne
tarda pas à aller encore plus loin et après avoir fait avec ses
frères puînés des partages en usufruit, l'aîné leur accorda des
terres en propriété sur la baronnie ou le fief de chevalerie (2).
C'était là une atteinte indirecte à l'esprit de l'Assise, mais non
pas à son texte. Celle-ci défendait en effet le partage dans les
successions, mais elle n'avait pas interdit les donations de
terres faisant partie d'une baronnie ou d'une chevalerie et ce
que l'aîné aurait pu donner à un étranger, il était tout naturel
qu'il eût le droit d'en gratifier ses frères puînés (3). Une fois
la succession ouverte, il attribuait donc à titre de donations
certaines terres de la seigneurie à ses frères puînés. Il paraît
bien résulter des textes que l'aîné se résigna à ce parti très désa-
vantageux pour lui afin de mettre un terme aux réclamations
incessantes des puînés qui se plaignaient d'être fort maltraités
et de se trouver à la discrétion de leur frère. Parfois même le
père, de son vivant et pour éviter toute discussion entre ses
fils après sa mort, procédait à un partage de cette nature
qui attribuait certains biens en propreté aux puînés; mais il
fallait, pour la validité de cet acte, que le fils aîné y donnât

sokemannus pater earum, salvo tamen primogenitæ filiæ capitali me-
suagio sub forma prescripta. Voy. pour plus de détails sur ce point et
notamment sur les rapports de la sœur aînée avec la sœur cadette, ce que
j'ai dit dans mon *Histoire du droit et des institutions de l'Angleterre,*
t. II, p. 272.

(1) Hévin sur Frain, p. 523 et 524.

(2) Voy. les actes inédits publiés sur ce point par Planiol, *op. cit.,*
p. 51.

(3) Il faut toutefois remarquer qu'en Bretagne les sous-inféodations entre
vifs n'étaient pas connues même avant l'Assise, et dès lors, il est fort possible que l'ordonnance de Geffroy n'ait pas prévu ces actes parce qu'ils ne
se faisaient pas.

son consentement (1). Toutefois ces démembrements ne por-
taient que sur la terre et non pas sur le titre : la baronnie ou
la chevalerie restait indivisible ; d'une baronnie on en pouvait
faire deux ou plusieurs et dans cette mesure l'ordonnance
du comte Geffroy était respectée.

Quant aux filles, elles étaient exclues de la succession par
leur frère, même s'il était moins âgé ; elles ne venaient donc
qu'à défaut de fils et nous avons vu que le droit d'aînesse
s'exerçait même entre filles. Mais pour assurer le sort des
filles privées de tout droit de succession en présence de fils,
l'ordonnance du comte Geffroy veut qu'elles reçoivent de
l'héritier un *maritagium*, c'est-à-dire une dot en pleine propriété et en terre, dont l'étendue et l'importance sont déterminées par le seigneur et par le plus proche parent. Ces filles
étaient, comme disent les anciens textes bretons, héritagères,
c'est-à-dire propriétaires de la dot, mais on leur refusait la
qualité d'héritier dans la succession. En outre, la fille puînée
n'était pas obligée d'accepter la terre qu'on lui offrait et elle
pouvait, si elle le préférait, réclamer d'autres biens pour la
même valeur : *Quod si habere noluerit et alibi invenerit, major
frater ei de rebus et catallis suis percurat* (2). Ce que nous venons de dire suppose que la fille puînée n'était pas encore
mariée au moment de l'ouverture de la succession. Si elle avait
été mariée par son père, celui-ci lui aurait constitué une dot et
il aurait même pu lui donner plus qu'elle n'aurait dans la succession reçu de son frère ou de sa sœur aînée à titre de mariage
avenant ; elle n'en conservait pas moins à la mort de son père,
tout ce qu'elle avait reçu à titre de dot, mais elle restait tout
à fait étrangère à la succession (3). En sens inverse, si le père
avait donné à sa fille en la mariant, moins qu'elle n'aurait
reçu de l'héritier dans la succession, elle ne pouvait cepen-

---

(1) *Règles coutumières bretonnes,* dans Viollet, *Établissements de saint
Louis*, t. III, p. 225. — Morice, *Mémoires pour servir de preuves à l'histoire ecclésiastique et civile de Bretagne*, t. I, col. 1252 ; t. II, col. 1779.

(2) Voy. sur les nombreuses erreurs des jurisconsultes bretons relatives à
ce droit des filles puînées, Planiol, *op. cit.*, n° 58, p. 60.

(3) *Très ancienne coutume de Bretagne*, chap. 210. Il en était de même
en Angleterre et dans l'Anjou. Cpr. Glanville, lib. VII, cap. I. — *Anciennes
coutumes d'Anjou et du Maine*, éd. Beautemps-Beaupré, B, n° 2, t. I,
p. 70. — *Établissements de saint Louis*, liv. I, chap. 71.

dant réclamer ensuite aucun supplément, pourvu d'ailleurs qu'elle eût été mariée selon sa condition sociale (1).

Avant d'en finir avec les dispositions de l'Assise au comte Geffroy, il faut encore relever une règle très remarquable qu'elle contient, pour le cas où le puîné, après avoir reçu de son aîné une terre du fief, venait à mourir sans héritier. A qui cette terre allait-elle être attribuée? L'Assise répond au moyen d'une distinction. Si l'aîné a exigé hommage de son puîné à l'occasion de cette terre, celui-ci a pu en disposer librement par testament et, dans le cas où il ne l'aurait pas fait, la terre retournera au seigneur de ligence; mais dans aucun cas le frère aîné n'y pourra prétendre. Si, au contraire, le puîné n'est pas devenu l'homme de son aîné, alors la terre fait retour à cet aîné et il semble bien que le puîné n'ait pas le droit d'empêcher cet effet par des dispositions testamentaires (2). Les mêmes principes, on le sait, sont consacrés par le très ancien droit normand (3) et il est bien certain qu'ils viennent d'Angleterre. On retrouve dans Glanville cette distinction et ce jurisconsulte nous apprend même pour quel motif la terre ne fait pas retour à l'aîné lorsque le puîné était son homme : « *Quia generaliter verum est secundum jus regni quod nemo ejudem tenementi simul potest esse heres et dominus* (4). » Mais ce système n'a pas longtemps duré en Bretagne et il a dû

(1) *Très ancienne coutume de Bretagne,* chap. 210. — Hévin sur Frain, t. II, p. 868 et suiv.

(2) Voici ce texte de l'Assise : « *Item si major juniori terram dederit de qua eum in hominem recipiat et sine herede oberit, alicui de propinquis suis cui voluerit eam dabit, ita quod ad principalem dominum non redeat. Si autem non ceperit eum in hominem, ad majorem fratrem hereditas revertetur.* »

(3) *Très ancien coutumier de Normandie,* chap. 34.

(4) Glanville, lib. VIII, cap. 1. Voir ce que j'ai dit dans mon *Histoire du droit et des institutions de l'Angleterre,* t. II, p. 279.

De même d'après une autre disposition de l'Assise, si l'aîné meurt laissant des enfants mineurs, le bail ou administration de la terre appartient au plus âgé des puînés survivants. C'est encore là une disposition empruntée au droit anglais. Toutefois d'après l'Assise, le vassal pouvait, avec le consentement de son seigneur, et pour l'époque de sa mort, désigner le baillistre de ses enfants. Le duc abusa de cette disposition pour choisir lui-même les baillistres de ses vassaux et les barons imitèrent son exemple. Mais il en résulta des réclamations générales et pour leur donner satisfaction, le duc Jean fit, en 1275,

céder la place au régime de la tenure en parage, plus conforme à nos mœurs françaises.

A une certaine époque, d'ailleurs assez difficile à déterminer, l'usage s'introduisit de fixer d'une manière précise et invariable, la part en viager attribuée aux puînés : elle était du tiers du fief. Les anciens auteurs ont pensé que cette innovation avait été introduite par une ordonnance de Jean II. Mais c'est là une pure conjecture qui ne repose sur aucun fondement. Personne n'a jamais pu retrouver le texte de cette prétendue ordonnance et il est certain que longtemps avant ce prince, les puînés obtenaient souvent, dans certaines familles, un tiers en viager (1). Ce changement fut donc introduit par l'usage et probablement sous l'influence des coutumes voisines, notamment de celle de l'Anjou qui pratiquait, en effet, le même système. On alla même ensuite plus loin et il fut permis de convertir cette part d'usufruit ou, comme on disait alors, le bienfait du puîné lorsqu'il lui survenait des enfants légitimes (2). Mais dans certaines grandes familles on resta fidèle au système de l'Assise et on continua à attribuer aux puînés une part variable en usufruit (3).

Disons en terminant que la rédaction de ce que l'on a appelé la *Très ancienne coutume de Bretagne* (4), n'a apporté aucune modification au système de succession établi pour les fiefs d'Assise et cela par la raison bien simple que cette prétendue

avec quelques-uns de ses barons, un convenant, par lequel il renonça à ce droit de choisir les baillistres; certains barons agirent comme lui. En même temps l'Assise de 1275 décida que si un puîné venait à mourir sans enfants, sa terre remonterait à l'aîné. Voy. sur ces différents points, Planiol, *op. cit.*, p. 69 à 74.

(1) Voyez Lobineau, *Histoire de Bretagne*, *Preuves*, col. 1645. — Morice, *Op. cit., Preuves*, t. I, col. 797, 798, 919.

(2) Morice, *Op. cit., Preuves*, t. I, col. 983 et 1201.

(3) Ce fait est attesté par le procès-verbal de la première rédaction de la coutume en 1179. Voy. Richebourg, *Coutumier général*, t. IV, p. 354. Cpr. Hévin, *Consultations*, p. 543.

(4) Cpr. *Très ancienne coutume de Bretagne*, art. 209 (208, dans certains manuscrits). Voy. le texte qu'en propose Planiol, *op. cit.*, p. 89. Ce chapitre 209 de la *Très ancienne coutume de Bretagne*, a passé dans les articles 535, 547 à 550 de la rédaction de 1539, auxquels il faut joindre un changement introduit par l'article 563. Voy. enfin la nouvelle coutume de Bretagne, art. 541 et 542. Cpr. art. 551.

coutume n'était qu'un simple coutumier, c'est-à-dire une œuvre purement privée. Les premiers rédacteurs de la coutume en 1539, n'ont introduit aucun changement. Mais à l'époque de la réforme de 1583 et sous l'influence de d'Argentré, on consacre une importante innovation en décidant que les puînés auraient à l'avenir droit à une part héréditaire en propriété, fixée à un tiers par héritage. Toutefois cette innovation ne s'appliqua pas aux anciens comtés et baronnies qui restèrent soumis au régime de l'Assise.

On comprit en Champagne comme en Bretagne, l'utilité de l'indivisibilité des fiefs en matière successorale. Ainsi déjà en l'an 1212 la comtesse Blanche de Troyes, de l'avis de ses barons, fit une ordonnance qui réglait la succession aux fiefs pour le cas où le défunt avait laissé seulement des filles et établissait même pour ce cas un véritable droit d'aînesse. S'il existait un seul château, la fille aînée le prenait à l'exclusion des autres. Le défunt avait-il laissé plusieurs châteaux et autant de filles, chacune en prenait un et l'aînée choisissait la première. En outre on devait estimer chaque château et lorsqu'une fille en obtenait un d'une valeur inférieure, elle avait droit à une indemnité sous forme de prélèvement sur les autres biens, notamment sur les terres planes, de sorte que tout en assurant l'indivisibilité du fief, on garantissait aussi l'égalité entre les filles. A plus forte raison lorsqu'il y avait moins de châteaux que de filles, celles qui n'en obtenaient pas étaient-elles indemnisées sur les terres planes ou autres biens.

Cette ordonnance souleva-t-elle des difficultés ou bien au contraire parut-elle si juste qu'on songea à l'étendre? Ce qui est certain, c'est que le comte de Champagne Thiébaut en 1224 fit pour les successions des châtellenies, des baronnies, avec le consentement de ses vassaux, une loi qui rendait indivisible au point de vue des successions, les fiefs supérieurs aux vavassoreries. Les auteurs ont souvent rapproché cet établissement du comte Thibaut de l'Assise de Bretagne du comte Geffroy (1). La loi du comte Thibaut nous paraît pourtant

____

(1) Voy. notamment Hévin sur Frain, p. 517. — Brussel, *Nouvel examen de l'usage général des fiefs,* t. II, p. 881, note. — Viollet, *Établissements de saint Louis,* t. I, p. 124.

beaucoup plus conforme au système du droit normand pour
les fiefs de chevalerie : s'il n'y a qu'un château, l'aîné le prend ;
s'il s'en trouve plusieurs dans la succession, chaque fils en
prend un en commençant par l'aîné, de sorte que si le nombre
des châteaux est inférieur à celui des fils, les derniers n'en
sont pas pourvus ; s'il y a plus de châteaux que de fils, alors
une fois que tous sont pourvus, l'aîné choisit de nouveau
parmi ceux qui restent, puis le second fils et ainsi de suite
jusqu'à épuisement. D'ailleurs, tous les châteaux devaient être
évalués et ceux qui obtenaient les moins avantageux, étaient
indemnisés sur le reste de la succession. Quant aux autres
biens, ils se partagent également entre les fils. N'est-ce pas en
principe le système consacré par le droit normand (1)? Toutefois on s'écartait du droit normand, comme nous l'apprend
l'art. 62 de l'ancien coutumier de Champagne en ce que, dans
les successions collatérales, le droit d'aînesse n'existait pas,
de sorte que les frères partageaient également entre eux,
même les fiefs.

Les vavassoreries se transmettaient à peu près de la même
manière, sauf que les filles venaient en concours avec les fils,
mais en prenant une demi-part seulement (2).

Dans l'Anjou et le Maine, le droit d'aînesse était aussi organisé avec une certaine rigueur et sous l'influence du droit
anglais, il conserva toute sa force au lieu de s'affaiblir dans la
suite. Ainsi les baronnies étaient nécessairement indivisibles
et appartenaient à ce titre à l'aîné des fils. Il en était de même
dans l'Orléanais (3). Quant aux autres terres, en Anjou, à la
mort du père ou de la mère, l'aîné noble en recevait les deux

(1) Voy. *Très ancien coutumier de Normandie*, chap. 8, p. 8, éd. Tardif,
chap. 88, p. 91. — *Grand coutumier de Normandie*, éd. de Gruchy,
chap. 25, 26, 99, p. 74, 79, 238. Cpr. mon mémoire sur *L'autorité paternelle
et le droit de succession*, dans la *Réforme sociale*, année 1889.

(2) *Li droict et lis coustumes de Champaigne et de Brie*, art. 1, 2, 62,
dans Richebourg, t. III, p. 209. — On trouvera aussi l'ordonnance de la
comtesse Blanche de 1212 et celle de Thibaut de 1224, dans Brussel, *Nouvel
examen de l'usage général des fiefs*, t. II, p. 874.

(3) *Livre de jostice et de plet*, p. 233 et 234. — *Etablissements de
saint Louis*, liv. I, chap. 26, éd. Viollet. — *Anciennes coutumes d'Anjou et du Maine*, B, n° 18 ; C, n° 18, t. I, p. 76, 204 ; F, n° 423, t. II,
p. 164.

tiers ; le dernier tiers était dévolu aux puînés (1). En Orléanais l'aîné noble obtenait les deux tiers s'il n'avait qu'un frère, la moitié s'il en avait deux ou plusieurs (2). Si le défunt titulaire d'un fief était un coutumier, son aîné héritait des deux tiers du fief, mais les autres biens se partageaient également entre les enfants sans distinction de sexe (3).

Le droit d'aînesse procurait encore d'autres avantages importants à celui qui en profitait. Ainsi l'aîné prenait tous les meubles en ligne directe comme en ligne collatérale, mais à charge bien entendu de payer les dettes (4). En sa qualité d'héritier principal, l'aîné était seul saisi (5); seul il devait l'hommage (6); mais aussi il garantissait les puînés (7). Lorsque le père avait doté une fille de son vivant, celle-ci était par cela même exclue de la succession; peu importait d'ailleurs que cette dot dépassât ou non la part qu'elle aurait eue dans l'héritage paternel; elle lui restait acquise et le fils aîné profitait ainsi ou éprouvait un préjudice, selon que son père avait donné plus ou moins qu'un mariage avenant (8).

En sa qualité d'aîné, le fils le plus âgé du défunt recueillait

(1) *Etablissements de saint Louis,* liv, I, chap. 10 de l'éd. Viollet.

(2) *Livre de jostice et de plet,* p. 257. Cpr. *Etablissements de saint Louis,* liv. 1, chap. 136.

(3) *Anciennes coutumes d'Anjou et du Maine,* E, nᵒˢ 173, 178, 179, t. I, p. 470; F, nᵒ 448, t. II, p. 473; I, nᵒ 204, t. IV, p. 341; L, nᵒ 135, t. IV, p. 204.

(4) *Anciennes coutumes d'Anjou et du Maine,* E, nᵒ 160, t. I, p. 482; F, nᵒ 465, t. II, p. 180; I, nᵒ 194, t. III, p. 332; L, nᵒ 125, t. IV, p. 201. Toutefois il n'obtient que la moitié des meubles si le défunt a laissé une veuve après avoir été marié pendant un an et un jour au moins. *Anciennes coutumes d'Anjou et du Maine,* F, nᵒ 822, t. II, p. 296.

(5) *Anciennes coutumes d'Anjou et du Maine,* E, nᵒ 187, t. I, p. 501; F, nᵒˢ 395 et 446, t. II, p. 156; I, nᵒ 220, t. III, p. 355.

(6) *Anciennes coutumes d'Anjou et du Maine,* E, nᵒ 158, t. I, p. 481; I, nᵒ 190, t. III, p. 338.

(7) *Anciennes coutumes d'Anjou et du Maine,* L, nᵒ 108, t. IV, p. 192. D'un autre côté, lorsque le père marie son fils aîné, il doit lui donner le tiers de sa terre. *Anciennes coutumes d'Anjou et du Maine,* F, nᵒ 769, t. II, p. 278.

(8) *Anciennes coutumes d'Anjou et du Maine,* E, nᵒ 168, t. I, p. 487; F, nᵒ 420, t. II, p. 163; I, nᵒ 199, t. III, p. 338; L, nᵒ 131, t. IV, p. 203.

aussi dans la succession du père ou de la mère, la part de son frère ou de sa sœur qui était entré en religion (1).

Le droit d'aînesse existait aussi même si le père ou la mère décédé n'avait laissé que des filles. L'aînée prenait les deux tiers et le troisième tiers allait aux autres. Dans l'Orléanais, le privilège de la fille aînée consistait à recevoir le principal manoir à titre de préciput (2). La sœur aînée jouissait du même avantage en ligne collatérale (3).

C'est qu'en effet le droit d'aînesse existait en ligne collatérale comme en ligne directe. En général, l'aîné prenait les deux tiers et le dernier tiers allait aux puînés. En outre il faut se rappeler le privilège de masculinité qui excluait les femmes en présence de collatéraux mâles. Mais cependant, lorsqu'un frère aîné se trouvait en ligne collatérale en concours avec ses sœurs et ses frères puînés, il obtenait les deux tiers des immeubles et tous les meubles ; le dernier tiers des immeubles profitait à ses sœurs et les frères puînés n'avaient droit à rien (4).

Si de la Normandie, de la Bretagne, de l'Anjou et du Maine nous descendons vers le Midi pour y suivre l'influence anglaise, nous voyons qu'à Bordeaux le droit d'aînesse joue aussi un rôle important et y produit de graves effets. Ce ne sont pas seulement les baronnies, mais tous les fiefs qu'on déclare indivisibles et à ce titre ils vont exclusivement à l'aîné, sans que les puînés en prennent la moindre part (5). Mais à Limoges, par esprit de réaction contre les institutions féodales de la Guienne, l'ancienne coutume n'admet pas la distinction

(1) *Anciennes coutumes d'Anjou et du Maine*, E, n° 169, t. I, p. 488 ; L, n° 200, t. III, p. 339. Il avait aussi le droit d'exercer le retrait du fief acquis par son père et que celui-ci avait donné à un puîné. *Anciennes coutumes d'Anjou et du Maine*, E, n° 203, t. I, p. 511 ; I, n° 235, t. III, p. 366 ; L, n° 215, t. IV, p. 235.

(2) *Anciennes coutumes d'Anjou et du Maine*, B, n° 4, t. I, p. 71 ; C, n° 4, t. I, p. 188 ; E, n° 153, t. I, p. 475 ; F, n°s 426, 428, 438 ; t. II, p. 165, 166, 170 ; L, n°s 183 et 185, t. III, p. 325, 326.

(3) *Établissements de saint Louis*, liv. I, chap. 12. — *Livre de jostice et de plet*, p. 235, 236, 252. M. Viollet croit à tort que la coutume était la même dans l'Anjou et le Maine. Voy. *Établissements de saint Louis*, t. I, p. 122.

(4) *Anciennes coutumes d'Anjou et du Maine*, E, n° 155, t. I, p. 479 ; F, 434, t. II, p. 168 et n° 823, t. II, 296.

(5) *Las coustumas de la vilà de Bordeü*, art. 57.

entre les grands fiefs et les fiefs ordinaires ; elle exclut le droit d'aînesse et sous l'influence manifeste de la législation romaine elle proclame, au nom de sa bourgeoisie, l'égalité du partage pour tous les biens (1).

L'indivisibilité de certains fiefs était encore consacrée dans d'autres provinces ; dans le nord de la France en Picardie, dans le Vermandois, le Ponthieu et l'Artois.

D'après la coutume de Saint-Valleri dans le comté de Dreux, l'aîné prend toute la succession et les autres enfants n'ont droit à eux tous qu'à un cinquième en viager, ainsi qu'il fut reconnu en l'an 1309 par soixante-quatre hommes du pays (2).

L'ancienne coutume d'Amiens consacre le même système au profit du fils aîné ou à défaut de fils, de la fille aînée : le droit d'aînesse confère la totalité des biens nobles, sauf un quint en viager pour les autres enfants. Mais les meubles et les biens roturiers se partagent également entre tous (3). On voit qu'en Picardie le principe de l'indivisibilité du fief n'avait subi aucune atteinte.

Cette indivisibilité est également consacrée dans le Vermandois, comme nous l'apprend Pierre de Fontaines (4). L'aîné prenait donc seul tous les fiefs, sauf un quint à vie pour les puînés à titre d'aliment (5). Le droit d'aînesse existait en Vermandois au profit des femmes comme au profit des hommes en ligne collatérale (6). On remarquera que cette indivisibilité était consacrée pour tous les fiefs sans exception. Mais quant aux autres biens, ils se partageaient également entre tous les enfants, sans distinction de sexe (7).

(1) Les anciennes coutumes de Limoges ont été rédigées en 1215, 1260 et au xive siècle. Le second texte a été publié par Richebourg, t. IV, p. 1149 et le troisième par Leymarie, dans son *Histoire du Limousin,* où l'on trouvera des renseignements complets sur le droit de cette ville.

(2) *Coutumes notoires de Picardie,* publiée par Marnier, n° 3, p. 4.

(3) *Ancienne coutume d'Amiens,* de 1507, art. 29, dans Richebourg, t. I, p. 125. La nouvelle coutume de 1567 donne au puîné un quint héréditaire (art. 71).

(4) *Conseil,* chap. XXXIV, n°s 8 et 9, p. 419.

(5) *Anciennes coutumes des pays de Vermendois,* n° 145, éd. Beautemps-Beaupré, p. 82.

(6) *Anciennes coutumes des pays de Vermendois,* n° 130, p. 76.

(7) *Anciennes coutumes des pays de Vermendois,* n° 148, p. 84 et n° 159, p. 89.

L'ancienne coutume d'Artois consacrait certainement le même système. Les fiefs ordinaires comme les baronnies étaient indivisibles ; cependant l'ancien coutumier d'Artois permettait d'en faire partie entre-vifs comme les *Établissements de saint Louis* et d'un autre côté, les frères puînés et les sœurs avaient droit à un quint du fief à titre d'héritage, c'est-à-dire de propriété et non pas d'usufruit seulement. C'était là une atteinte manifeste au principe de l'indivisibilité. Mais d'ailleurs les anciens usages d'Artois admettaient l'égalité du partage sans distinction de sexe pour les meubles et acquêts, censives et autres biens roturiers (1).

Dans le Hainaut de même que dans la Flandre, le droit d'aînesse existait comme conséquence de l'indivisibilité du fief, soit au profit du fils aîné, soit au profit de la fille aînée. Il s'étendit même jusqu'au xve siècle dans le Hainaut, aux censives. A cette époque une charte de Guillaume de Bavière, comte de Hainaut, permit aux sœurs de venir en concours avec leurs frères, mais encore ne prenaient-elles qu'une demi-part. Quant aux autres biens, alleux et meubles, par exemple, ils se partageaient également (2).

La coutume de Ponthieu, article 59, reste aussi fidèle au système de l'indivisibilité dans sa rédaction de 1495 et elle n'accorde aux puînés qu'un cinquième en usufruit (3). Mais elle consacre le droit d'aînesse, même pour les biens roturiers, soit au profit du fils aîné, soit à défaut de fils, en faveur de la fille la plus âgée.

L'indivisibilité du fief et, comme conséquence, un droit d'aînesse fort énergique, se retrouvent encore dans d'autres provinces qui n'ont pas subi l'influence du droit anglais et même aussi à l'étranger. Ainsi cette indivisibilité est consacrée par les *Assises du royaume de Jérusalem*, comme aussi par celles de Sicile. Dans ces pays, ce système a été adopté sous l'influence française et par la nécessité, pour les conquérants,

(1) *Anciens usages d'Artois*, tit. 11, 13, 31, 33 et 37. — *Anciennes coutumes des pays de Vermendois*, éd. Beautemps-Beaupré, n° 158, p. 88.

(2) Bouteiller, *Somme rural*, liv. I, tit. 78. — Coutume du Hainaut, dans Dumées, *Jurisprudence du Hainaut*, p. 200.

(3) Voy. Richebourg, t. I, p. 89.

d'assurer leur suprématie dans le pays (1). Ce ne sont pas ces causes, mais tout simplement la force même de la féodalité qui a solidement assis le droit d'aînesse dans le Béarn et le Lavedan. Peut-être cependant la féodalité a-t-elle dû, pour s'installer dans ces contrées, conserver plus longtemps son caraotère militaire. En conséquence de l'indivisibilité du fief, le fils aîné ou à défaut de mâle, la fille aînée héritait seule des biens nobles; chose remarquable, en cas de deux mariages, la fille aînée du premier lit héritait de préférence au fils né du second mariage (2).

Les anciennes coutumes de Barèges sont bien plus absolues et consacrent le droit d'aînesse, soit au profit du fils le plus âgé, soit au profit de la fille à défaut de fils, sur tous les biens de la succession. Les puînés des deux sexes ont seulement droit à une légitime à titre d'aliments, qui leur est donnée par l'héritier si le père ou la mère ne les en a pas gratifiés avant le décès; cette légitime porte sur les acquêts ou même sur les autres biens et est fixée d'après la valeur de la succession, mais elle doit être égale pour tous. Si l'un des puînés meurt sans enfants, ou si ces enfants décèdent à leur tour sans postérité, les biens venant de cette légitime retournent à l'aîné d'après la coutume de Lavedan; mais celle de Barèges ne contient aucune disposition semblable. Le droit d'aînesse y était donc un peu moins énergique; nous en avons encore la preuve par une autre différence qui séparait ces deux coutumes : à Barèges les neveux ne succédaient jamais qu'à défaut de frères ou de sœurs; à Lavedan, en vertu du droit de représentation et pour consolider le droit d'aînesse, le fils aîné d'un frère puîné était préféré aux autres frères de ce dernier (3).

Dans la Navarre, le droit d'aînesse était également organisé avec une grande rigueur; il existait sans distinction de sexe, sans distinction de famille, sans distinction de biens. L'aîné, mâle ou fille, recueille tout; les puînés ont seulement droit à

(1) Livre de Jean d'Ibelin, chap. 148 et suiv., chap. 192; Geoffroy le Tort, chap. 17; Philippe de Navarre, chap. 81. — *Constitutiones regni Siciliæ,* lib. III, tit. 19 et 24.

(2) Fors de Béarn, art. 274 et 276.

(3) *Ancienne coutume de Barèges,* art. 1, 2, 3, 4, 6, 8, 9, 19, 121; *Ancienne coutume de Lavedan,* art. 1, 2, 3.

une part à titre d'aliments sur les acquêts ou à défaut d'acquêts, sur les autres biens et de la part de l'héritier, si les père et mère n'ont pas, de leur vivant, pris la précaution d'assurer leur avenir. En outre, lorsqu'un de ces puînés décède sans postérité, les biens qu'il a reçus retournent à son aîné (1).

Nous en avons fini avec les coutumes qui consacraient plus ou moins l'indivisibilité du fief et attachaient des avantages considérables au droit d'aînesse. Dans les autres parties de la France, ce droit d'aînesse n'a jamais été aussi fort et il est facile de constater qu'il a souvent subi des atteintes graves et successives. Plusieurs causes peuvent expliquer cet état de choses. Les raisons militaires sur lesquelles reposait le droit d'aînesse, tout au moins au début, en Normandie, en Angleterre, à Jérusalem, en Sicile, dans le Béarn et ailleurs encore, n'existaient pas. Sans doute la plupart des offices devenus héréditaires avaient été soumis à un droit d'aînesse absolu. Mais cette notion de l'office ou fonction s'effaçait de plus en plus devant celle d'une propriété. D'un autre côté, il existait dans un grand nombre de provinces, surtout dans le Midi et dans l'Est, des alleux qui se partageaient également, du moins avant l'époque où l'on imagina de diviser ces biens libres en alleux nobles et alleux roturiers. Enfin les biens roturiers, les meubles et acquêts, se partageaient également entre tous les héritiers, le plus souvent même dans les familles nobles. Ce système du partage égal consacré par le droit romain dont l'autorité grandissait sans cesse et aussi par les *Leges* était vu avec une certaine faveur. Nos vieux jurisconsultes en furent toujours les défenseurs et lorsqu'on perdit de vue les bases de la féodalité, on tendit à se rapprocher du système du partage égal, plus conforme à la justice et à l'équité. C'est plus tard seulement qu'il se fit une réaction contre cette tendance et que la noblesse comprenant l'utilité de concentrer la fortune sur certaines terres, sans toucher au principe des coutumes sur le

____

(1) *For et coustumas*, rubrica 17. D'après les anciennes coutumes de l'Andorre, l'aîné seul hérite ; les puînés ont droit à une faible part à titre de légitime alimentaire et les filles à une dot. Voy. la *Notice sur l'Andorre* par un anonyme (M. Roussillon). Cpr. Laferrière, *Histoire du droit français*, t. V, p. 493. Cet auteur a consacré de nombreux détails à la législation de l'Andorre.

droit d'aînesse, accorda cependant à l'aîné des avantages considérables, au moyen des dispositions testamentaires, des substitutions, des institutions d'héritier par contrat de mariage, etc.

L'ancienne coutume de Paris peut être considérée comme
le type de celles qui forment le second groupe et consacrent
un droit d'aînesse mitigé. D'après cette coutume, le fils aîné
avait droit à ce titre au principal manoir et à un préciput ou
part avantageuse. Mais le droit d'aînesse n'était pas admis en
faveur des filles ni en ligne collatérale (1). D'une manière plus
précise, la coutume de Paris (art. 13 et suiv.) attribuait au fils
aîné le principal manoir, deux tiers des fiefs tenus noblement
s'il n'avait qu'un frère puîné, et la moitié s'il en existait deux ou
davantage. Mais il paraît qu'originairement tout le fief allait à
l'aîné ; les biens roturiers seuls se partageaient d'une manière égale entre tous. C'est ce qu'attestent encore les *Anciennes Constitutions du Châtelet de Paris*, seulement l'aîné en
prenant tout le fief était tenu de pourvoir aux besoins des puînés (2). Dans la suite seulement le droit de l'aîné fut réduit
à la majeure partie du fief, c'est-à-dire au principal manoir
et aux deux tiers ou à la moitié des terres. En outre, les fiefs
de dignité continuèrent à être considérés comme indivisibles.
D'ailleurs, bien que prenant une part sensiblement plus considérable dans l'actif des biens nobles, l'aîné n'était pourtant
pas seul héritier : ses frères puînés avaient la même qualité. Il
pouvait en résulter certains avantages pour l'aîné lui-même.
Ainsi, par exemple, il n'était obligé aux dettes que pour une
part proportionnelle à celle de ses cohéritiers, mais en retour
si un puîné renonçait à son droit de succession, l'accroissement
se faisait également au profit de tous, tandis que la part va-
cante aurait été nécessairement acquise à l'aîné si les puînés,
au lieu d'être des cohéritiers, avaient eu la qualité de propriétaires ou d'usufruitiers (3).

(1) *Grandes coutumes de France,* liv. II, chap. 27. — Arrêt de 1262, *Olim,*
I, fol. 120. — Lecoq, *Question 366.* — Cpr. Brodeau sur les art. 19, 24
et 25 de la coutume de Paris. Dans le Beauvoisis, Beaumanoir (chap. 14,
n° 4) accorde à la fille aînée le chef manoir.

(2) *Anciennes constitutions du Châtelet,* § 65, éd. Mortet, p. 75.

(3) *Grand coutumier de France,* chap. 40, p. 369. — Laurière, sur l'art.
334 de la coutume de Paris.

Ce système de la coutume de Paris fut consacré, sauf parfois quelques divergences dans les détails, par un grand nombre d'autres coutumes. Ainsi dans la coutume de Lorris l'aîné recueillait le manoir principal et les deux tiers ou la moitié des fiefs, selon qu'il y avait un ou plusieurs frères, mais le droit d'aînesse n'existait pas entre filles ni en ligne collatérale (1). Dans le pays de Laon, l'aîné prenait le principal manoir avec ses dépendances, mais tous les autres biens, nobles ou non, se partageaient entre les enfants, sauf que les filles prenaient seulement demi-part (2). Dans les Flandres, l'aîné emportait deux parts des fiefs et les puînés tous ensemble le dernier tiers. Mais certains praticiens voulaient que parmi ces puînés le plus âgé eût au moins toujours le tiers du tiers, quel que fût le nombre de ses frères et sœurs (3).

La Lorraine, malgré ses liens qui l'attachaient à l'empire, avait toujours subi l'influence française. Aussi l'hérédité et le droit d'aînesse s'établirent-ils sans difficulté pour les fiefs de dignité. Pour la même raison on admit, mais avec plus de peine, le droit de succession aux fiefs au profit des femmes. Mais le droit d'aînesse ne fut jamais reçu qu'en ligne directe ; en ligne collatérale le droit de masculinité fut observé avec la rigueur qu'il présentait dans les lois barbares (4).

Nous ne pouvons pas poursuivre plus longtemps l'exposé de l'organisation du droit d'aînesse dans les diverses provinces de la France. On aura remarqué combien était grande la diversité dans les détails. Mais nous croyons avoir établi l'existence de deux tendances en sens contraire dans l'ensemble des coutumes. Les unes s'efforcent d'étendre, les autres de restreindre le droit d'aînesse. Dans le premier cas, le fief même ordinaire est indivisible et l'aîné seul est héritier, sauf une part alimentaire en usufruit ou même l'attribution de certains biens en propriété aux autres enfants; dans le second

(1) *Coutume de Lorris,* art. 25 et 43, édit. Tardif, p. 8 et 11.

(2) *Anciennes coutumes des pays de Vermendois,* éd. Beautemps-Beaupré, n° 161, p. 89.

(3) Voy. *Anciennes coutumes des pays de Vermendois,* n° 168, éd. Beautemps-Beaupré, p. 92.

(4) *Ancienne coutume de Lorraine,* tit. 5 et 9. — *Anciennes coutumes de Bar et de Saint-Mihiel,* art. 1, dans Richebourg, t. II, p. 1016 et 1045.

cas, les fiefs de dignité restent seuls indivisibles, les autres se partagent en deux tiers pour l'aîné et un tiers pour les puînés, mais tous les enfants sont héritiers. Toutefois, pour montrer la question sous toutes ses faces, il importe de constater que la différence n'est aussi accentuée entre ces deux sortes de coutumes qu'autant qu'il n'existe qu'un fief dans la succession. S'il y a plusieurs fiefs, l'aîné les prend tous dans certaines coutumes; mais dans d'autres il commence par n'en prendre qu'un seul. Après lui, le second fils choisit son fief parmi ceux qui restent disponibles; puis le troisième et ainsi de suite; s'il y a plus de fiefs que de fils, l'aîné prend un second fief, mais seulement après l'attribution d'un fief à chacun de ses frères; puis le plus âgé des puînés prend un second fief et ainsi jusqu'à épuisement (1). Il pouvait arriver en pareil cas que l'aîné fût moins bien traité dans une de ces coutumes cependant plus favorables au droit d'aînesse que si la succession s'était distribuée de manière à partager les fiefs entre tous et à donner deux tiers à l'aîné, un tiers aux autres.

De ces deux systèmes de succession, celui qui consacrait le droit d'aînesse mitigé et déclarait les fiefs ordinaires divisibles en deux parts, la plus forte pour l'aîné, l'autre pour les puînés était la plus générale et formait, s'il est permis de parler ainsi en plein moyen âge, le droit commun de la France. On peut s'en former une idée assez exacte dans l'ensemble, d'après ce que nous dit Beaumanoir. Dans le Beauvoisis, le fils aîné obtenait par privilège le chef manoir et en outre les deux tiers de tout ce qui était tenu en fief par le défunt. S'il n'y avait que des filles, l'aînée ne pouvait prétendre qu'au chef manoir, tout le reste se partageait également. Le père ou la mère pouvait, de son vivant, faire des avantages aux puînés, mais sans jamais avoir le droit de leur donner plus du tiers des fiefs. Cette réserve des deux tiers au profit de l'aîné était aussi établie dans l'intérêt du seigneur, afin d'éviter les morcellements. Pour obtenir ce résultat, l'aîné pouvait même garder tous les fiefs à charge de payer des rentes ou de donner d'autres biens à ses puînés, mais il

____

(1) Voy. à titre d'exemple ce que disent à cet égard les *Anciennes coutumes des pays de Vermendois*, nº 165, éd. Beautemps-Beaupré, p. 91 pour le Cambrésis, le Haynault et la châtellenie de Lille.

fallait un accord volontaire entre tous. Lorsqu'il y avait plusieurs fiefs, chacun d'eux ne se divisait pas entre l'aîné et les puînés; ceux-ci prenaient certains fiefs jusqu'à concurrence du tiers de la succession et de cette manière tous relevaient directement du seigneur. N'existait-il qu'un seul fief, il fallait bien que l'aîné donnât aux puînés un tiers de ce fief et il en résultait que ceux-ci devenaient les vassaux de l'aîné et les arrière-vassaux du seigneur. Ce système offrait des avantages et des inconvénients. Il était utile à l'aîné qui avait droit à tous les profits du fief. Mais il lui nuisait en ce que l'aîné seigneur de son frère ne pouvait pas en être plus tard l'héritier pour le cas où ce puîné serait décédé sans enfants. Il était en outre désagréable aux puînés qui, en devenant les vassaux de leur frère, étaient par cela même, vis-à-vis de lui dans un certain degré d'infériorité (1), et il nuisait au seigneur vis-à-vis duquel il y avait un véritable démembrement de fief, de telle sorte que ce seigneur n'avait plus droit qu'aux mutations et autres profits relatifs aux deux tiers du fief. Pour éviter ces inconvénients, on imagina la tenure en parage (2). Le fief continuait, à être matériellement morcelé, mais les puînés n'étaient plus considérés comme tenant leur part de l'aîné et ils ne lui devaient pas l'hommage; tous tenaient au même titre, l'aîné les deux tiers, les puînés le troisième tiers du fief; tous étaient coseigneurs et les puînés devenaient les pairs de l'aîné. Ils avaient la jouissance divise du fief et la jouissance indivise des droits qui ne comportaient pas partage, tels que les droits de justice. Mais, vis-à-vis du seigneur, les puînés étaient représentés par l'aîné qui seul devait hommage, profit et service, sauf son recours contre les puînés pour leur part. Par l'effet de cette tenure en parage, les puînés cessaient d'être placés sous la dépendance de l'aîné et le seigneur suzerain avait droit à tous les profits vis-à-vis de l'aîné comme

(1) *Établissements de saint Louis,* liv. I, chap. 46 et suiv. éd. Viollet, p. 64.

(2) Richard Cœur de Lion avait refusé de faire hommage à son frère Henri : « *Incongruum esse dicens* cum eadem ex patre, cum eadem ex matre traxisset originem, in fratrem prinogenitum aliqua specie sudjectionis superiorem agnosceret. » *Historia comitum Andegav.,* dans Marchegay et Mabille, *Chroniques des comtes d'Anjou,* p. 344.

s'il avait tenu seul le fief. En réalité, c'était cet aîné qui courait
des risques par cela même qu'il garantissait ses puînés en
parage vis-à-vis du seigneur (1).

Philippe-Auguste avait imaginé un autre système pour
éviter les inconvénients attachés à la sous-inféodation du
tiers au profit des puînés. Certains seigneurs s'étaient plaints
de perdre l'hommage de ces puînés qui, en effet, était dû
on s'en souvient, à l'aîné ; ils demandaient que l'hommage fût
partagé comme le fief lui-même. Philippe-Auguste fit droit à
ces réclamations et décida qu'à l'avenir les puînés relevraient
directement du seigneur comme l'aîné (2). Mais ce système
n'eut pas un succès complet. On préféra, du moins dans certaines coutumes, la tenure en parage. Dans la coutume de
Touraine-Anjou, on ne tint aucun compte de l'ordonnance
de Philippe-Auguste. D'après l'ancienne coutume de Normandie, les puînés et ses descendants tiennent en parage
jusqu'au sixième degré ; à ce moment, ils doivent la feauté à
l'aîné ou à son descendant ; au septième degré, ils sont tenus
par hommage (3). Cependant à Paris on a toujours observé
l'ordonnance de Philippe-Auguste et certaines coutumes,
sans l'adopter, s'en sont inspirées en décidant que l'hommage
direct des puînés au seigneur, serait pour eux sinon une obligation, du moins une faculté.

§ 4. Succession aux fiefs, suite. Exclusion des ascendants.

Le droit d'aînesse forme le premier caractère propre à la
succession aux fiefs. Le second se trouve dans la célèbre
maxime : *feuda non ascendunt*, fiefs ne remontent. En d'autres termes, les ascendants ne sont pas admis à la succession
aux fiefs. Montesquieu a expliqué cette exclusion en disant

______

(1) *Établissements de saint Louis*, liv. I, tit. 46, 47, 48, 79 de l'éd.
Viollet. — *Anciennes coutumes d'Anjou et du Maine*, F, nᵒˢ 1517 à 1536,
t. II, p. 549. Cpr. A, nᵒ 109, t. I, p. 61 ; B, nᵒˢ 44, 46, 76, 84, 86, 87, t. I,
p. 88, 105, 113, 114, 115 ; C, nᵒˢ 16, 39, 40, 41, 79, 125, t. I, p. 200, 230,
231, 232, 298, 334 ; E, nᵒˢ 143 à 152, t. I, p. 467 et suiv. — *Livre des
droiz et des commandemens*, nᵒˢ 409, 414, 424, 431, 451, 452, 464, 468.

(2) Voy. *Recueil du Louvre*, t. I, p. 29.

(3) *Grand coutumier de Normandie*, chap. 30, éd. de Gruchy, p. 95.

que les ascendants sont, à raison même de leur âge, incapables du service militaire (1). Cette explication a été attaquée dans la suite, mais sans qu'on soit parvenu cependant à fournir contre elle des arguments décisifs. Ainsi on a dit qu'à ce compte les collatéraux devaient aussi être écartés de la succession aux fiefs, car ils peuvent être arrivés à un âge avancé. Si le fait est possible, il faut pourtant reconnaître qu'il n'est pas nécessaire, tandis que la qualité même d'ascendant implique nécessairement une certaine vieillesse. De même on a objecté à Montesquieu que le droit féodal serait tombé dans une véritable contradiction s'il avait fait reposer l'incapacité des ascendants sur leur faiblesse, car il admettait à la succession aux fiefs les femmes et les mineurs. L'objection n'a pas à notre avis une grande valeur. D'abord on sait que les femmes ont été écartées pendant un certain temps et qu'à toute époque on leur a préféré les mâles. Ensuite il existe entre l'ascendant d'une part, la femme et le mineur de l'autre, une différence essentielle : il est facile de trouver à la place de la femme ou du mineur une personne qui fera le service du fief ; mais il ne pouvait être question de placer un ascendant en état d'incapacité et de charger un autre de remplir les devoirs du fief. La raison donnée par Montesquieu a donc une valeur sérieuse et il serait facile de trouver des textes pour établir que dans la transmission du fief, surtout à l'époque de la féodalité politique, on se préoccupait du service militaire. Dans certains pays, les femmes ne pouvant faire le service du fief ont toujours été exclues de sa succession, à moins que l'acte d'inféodation ne contînt une clause contraire : tel est notamment le droit des *Livres des fiefs* et celui du *Miroir de Saxe* (2). De même le *Miroir de Saxe* déclare incapable d'hériter du fief l'enfant aveugle, boiteux ou contrefait parce qu'il est impropre au service militaire (3). Cependant l'exclusion des ascendants peut s'expliquer encore d'une autre manière qui, d'ailleurs, ne contredit pas mais complète l'idée de Montesquieu. Le régime de succession aux fiefs s'est surtout établi d'après

(1) Montesquieu, *Esprit des lois*, liv. XXXI, chap. 34.

(2) *Libri feudorum*, I, 8, 2; II, 11. — Miroir de Saxe, *Lehnrecht,* art. 2, § 3, éd. Homeyer, t. II, p. 143.

(3) Miroir de Saxe, *Lehnrecht,* art. 3, § 4, éd. Homeyer, t. I, p. 33.

les conventions qu'on avait coutume de passer auparavant. Nous avons vu qu'en effet , dans leurs formes primitives, les fiefs étaient plutôt viagers qu'héréditaires et il est même possible de donner des exemples de fiefs non transmissibles jusqu'au xıve siècle (1). Mais dans la plupart des actes constitutifs d'inféodation, il était dit que le fief se transmettait aux descendants du concessionnaire (2). On arrivait ainsi à admettre à la succession les collatéraux qui étaient des descendants du premier bénéficiaire ; mais il ne pouvait être question d'y comprendre les ascendants (3). Aussi les *Livres des fiefs*, en parlant de la succession, ne mentionnent jamais les ascendants. En ligne directe, ils admettaient la succession jusqu'au second degré pour les fiefs ordinaires, sans droit d'aînesse et en ligne collatérale, l'hérédité des fiefs était même très restreinte comme nous le verrons plus loin.

Toutefois cette exclusion des ascendants ne tarda pas à soulever des objections , surtout dans les pays où la féodalité perdit de bonne heure son caractère militaire. Un véritable régime successoral s'étant établi pour les fiefs, on se demanda pour quel motif les ascendants en étaient exclus, alors surtout qu'ils venaient à d'autres biens. Ainsi en Angleterre, le coutumier connu sous le nom de *Lois de Henri Ier* avait proposé d'admettre un droit de succession au profit des ascendants (4).

(1) Ainsi en Provence les concessions de fiefs viagers étaient encore en usage au milieu du xıve siècle et ce principe était invoqué au xvııe siècle par les représentants du domaine , ce qui a donné lieu en 1687 au livre de Peysonnel sur les fiefs. Cpr. Julien , *Eléments de jurisprudence*, p. 326. Du même, *Nouveau commentaire sur les statuts de Provence*, t. II, p. 62.

(2) Rappelons que d'autres fois l'acte de concession établissait d'une manière complète et absolue tout un régime propre de succession. On disait qu'en pareil cas le fief était taillé. Ce procédé était très usité en Angleterre et nous en avons suffisamment parlé dans notre *Histoire du droit et des institutions de l'Angleterre* pour qu'il ne soit plus nécessaire d'y revenir. Voy. par exemple Littleton, sect. 13 et suiv. dans Houart, *op. cit.*, t. I, p. 32.

(3) Voy. par exemple les *Assises de Jérusalem*, Jean d'Ibelin, chap. 185 et 186, éd. Beugnot, t. I, p. 275 ; *Livre au roi*, chap. 35, t. I, p. 632. — *Libri feudorum*, I, 14, 1 ; II, 11 et 17.

(4) *Leges Henrici I*, chap. 70, nº 19, dans Schmid, p. 257. Il n'est pas sans intérêt de reproduire ici le passage de ce coutumier relatif aux successions :

« Si quis sine liberis decesserit, pater aut mater ejus in hæreditatem suc-

Mais ce système fut énergiquement repoussé, et l'exclusion des ascendants s'est maintenue en Angleterre au travers des âges jusque dans la première partie de notre siècle. Glanville posait déjà en principe *hereditas nunquam ascendit* (1), et un peu plus tard Bracton reproduisit la même règle en essayant de l'expliquer.

En France les divergences sont beaucoup plus accentuées, quoiqu'on ait dit souvent le contraire, mais bien à tort. On a sans doute admis à l'origine l'exclusion des ascendants et cette règle s'est même conservée dans certaines coutumes (2). Mais dans d'autres la règle *héritages ne remontent* a été entendue avec un tout autre sens. Ainsi Beaumanoir n'hésite pas à admettre à la succession les ascendants non seulement aux meubles et acquêts, mais encore aux héritages, ce qui comprend bien certainement les fiefs. Il entend la règle *héritages ne remontent* en ce sens que les descendants sont préférés aux ascendants et que les héritages du côté paternel ne vont pas à la ligne maternelle ni réciproquement (3). Nous verrons aussi bientôt qu'on a reconnu dans certaines localités un véritable droit de retour pour les biens donnés par l'ascendant à son descendant

cedant vel frater aut soror : si pater aut mater desint, si nec hos habeat soror patris vel matris et deinceps in quintum geniculum, quicunque propinquiores in parentela fuerint, hereditario jure succedant, et dùm virilis sexus exstiterit. et hæreditas ab inde sit, femino non hereditetur.

Primo patris feudum primogenitus filius habeat. Emptiones vero vel deinceps acquisitiones suas det cui magis velit.

Si Bocland habeat, quam ei parentes sui dederunt, non mittat eum extra cognationem suam sicut prædiximus. Si sponsa virum suum supervixerit, dotem et maritationem suam, cartarum, instrumentorum vel tertium exhibitionibus ei traditam perpetualiter habeat et morgangivam suam et tertiam partem de omni collaboratione sue, præter vestes et lectum suum et si quid et eis in eleemosynis vel communi necessitate consumpserit, nihil inde recipiat.

Si mulier absque liberis moriatur, parentes ejus cum marito suo partem suam dividant. »

Ces dispositions, on l'aura remarqué, consacrent un régime successoral de transition, intermédiaire entre celui du droit franc et celui du droit féodal.

(1) *Tractatus de legibus,* lib. VII, cap. I, § 10.

(2) *Livre des droiz et des commandemens,* n° 857. « Il est droit escript que tout aussi comme le filz succédist ès biens du père et de la mère après leur mort, que le père et la mère succédissent ès biens du filz après sa mort : mais la coutume est contraire. »

(3) Beaumanoir, chap. XIV, nos 22 et 23.

mort sans postérité. L'ancienne coutume de Champagne et de Brie admet formellement en pareil cas un droit de succession au profit de l'ascendant donateur, même sur le fief (1). De même le *Grand coutumier de Normandie* fait venir les ascendants à la succession aux fiefs, pourvu qu'ils soient d'ailleurs eux-mêmes des descendants du premier concessionnaire. Il appelle d'abord les frères et leurs descendants ; à leur défaut le père ; puis les oncles du défunt ; à leur défaut l'aïeul et ainsi de suite (2). Mais le *Grand coutumier de Normandie* prend comme base de son système successoral la règle suivant laquelle il faut être un descendant du premier acquéreur ; peu importe d'ailleurs que vis-à-vis du défunt, on soit un ascendant ou un collatéral. Nous verrons plus tard ce qu'est devenu ce principe en nous occupant des successions collatérales et surtout lorsque nous arriverons aux systèmes des coutumes écrites. Constatons seulement dès maintenant que l'exclusion des ascendants n'a pas été longtemps absolue ; elle a disparu de très bonne heure dans un certain nombre de coutumes. Les ascendants sont alors venus à la succession aux fiefs, suivant les règles établies pour les collatéraux ; mais la vieille maxime *feuda non ascendunt* n'en a pas moins laissé des traces, et c'est elle notamment qui a engendré la règle *propres ne remontent* (3).

(1) *Li droict et lis coustumes de Champaigne :* « *Il est constant en Champagne, que si aucun chevalier marie son fils ou sa fille, et lui donne un heritage, et il advient qu'il se meurt sans hoirs de son corps li héritage revient au père, il ne doit point de relief ni de ruchat au seigneur de qui li héritage muet de fie.* »

(2) *Grand coutumier de Normandie,* chap. 26, édit. de Gruchy, p. 77 : « *Ad fratrem primogenitum redit successio feodalis, vel ad ejus lineæ propinquiorem : si autem fratres defuerint et eorum lineæ, redit ad patrem ex quo lineæ processerunt : si autem defuerit, redit ad fratres ipsius patris, qui avunculi sunt possessoris. Si autem avunculi defuerint et eorum lineæ, redit ad avum. Et similiter intelligendum est de suppositis in linea consanguinitatis. Et hoc sanc intelligendum est de illis solummodo a quibus descendit hereditas.* » Ce dernier terme n'a pas pour objet d'exclure les ascendants, car alors le texte serait en contradiction avec ce qui précède, mais seulement de poser la règle suivant laquelle il faut être descendant du premier acquéreur pour avoir droit à la succession.

(3) D'après l'ancienne coutume de Reims, *Liber practicus,* art. 39, à dé-

§ 5. Succession aux fiefs, suite. Privilège de masculinité.

Le troisième caractère propre à la succession aux fiefs consiste dans la préférence accordée aux hommes sur les femmes, aussi bien dans la ligne collatérale que dans la ligne descendante. Nous avons déjà constaté cette préférence en nous occupant du droit d'aînesse en ligne directe. Il faut nous y arrêter maintenant pour la ligne collatérale. Quelques historiens ont pensé que le privilège de masculinité était une conséquence de la transformation de l'incapacité primitive dont les femmes étaient frappées à l'origine quant à l'acquisition des fiefs. Nous croyons qu'il s'agit là plutôt d'un principe emprunté aux vieilles coutumes germaniques et dont nous avons constaté l'existence jusque dans la loi salique. Dans l'ancienne coutume de Paris, à égalité de degré, l'homme était préféré à la femme pour la succession aux fiefs en ligne collatérale comme en ligne directe (1). Tel était aussi le droit commun de la France.

C'était surtout dans les pays du Nord qu'on admettait en ligne collatérale la préférence au profit des mâles, mais à égalité de degrés seulement, de sorte que les femmes auraient hérité si elles avaient été d'un degré plus rapproché. Ce système était notamment observé dans la Flandre française et dans le Brabant.

faut d'enfants, la succession va, non pas aux frères et sœurs, mais aux père et mère ; si l'un d'eux est prédécédé, sa moitié passe à ses parents. *Liber practicus,* art. 39.

(1) *Le livre des constitutions du Châtelet de Paris,* § 68 et 75. — *Coutumes notoires,* n° 71. Au xiii° siècle, la sœur du vassal décédé sans héritier de son corps était même primée par ses enfants mâles ; elle détenait le fief en qualité de baillistre jusqu'à la majorité de ses enfants et ceux-ci ensuite tenaient le fief et faisaient hommage en leur propre nom. On voit qu'en pareil cas le mâle était préféré, même s'il était d'un degré plus éloigné. C'était là une vieille coutume germanique. Mais de bonne heure, comme nous l'avons dit au texte, la préférence n'exista plus qu'à égalité de degré et la femme d'un degré plus rapproché passa avant le collatéral plus éloigné. *Grand coutumier de France,* liv. II, chap. 11, éd. Dareste, p. 299 ; Ancienne coutume de Champagne, art. 8 ; coutume de Paris, art. 25.

Le privilège de masculinité n'était pas seulement le droit
commun de la France; il s'appliquait aussi dans certains pays
qui subissaient l'influence de notre droit et auraient déjà dû
être français à cette époque. Ainsi le droit de masculinité
existait en Lorraine entre gentilshommes : il écartait les filles
ou sœurs de la succession tant qu'il y avait un fils, un frère
ou un descendant d'eux.

Dans certaines contrées, sous l'influence manifeste du droit
romain qui avait opposé une barrière à l'invasion du droit
germanique, le privilège de masculinité était singulièrement
atténué ou n'existait même pas. En Franche-Comté, le fief de
dignité était féminin dès l'origine de sa constitution et les
fiefs ordinaires étaient transmissibles aux femmes comme aux
hommes, sans aucun privilège pour le sexe masculin. En
outre, les fiefs se partageaient également, on s'en souvient, en
ligne directe comme en ligne collatérale, toujours d'après l'influence persistante du droit romain (1). Le duché de Bourgogne proclamait aussi le principe de l'égalité, même en ligne
directe et repoussait le droit d'aînesse. Mais le privilège de
masculinité d'origine germanique a toujours été admis pour
la transmission du duché lui-même comme fief de dignité.
Quant aux fiefs ordinaires, le privilège de masculinité avait
déjà disparu dès le xii° siècle dans la ligne directe (2). Mais il
se maintint toujours dans les successions collatérales (3).
Dans le Dauphiné, les femmes avaient le droit de succéder
aux fiefs comme en Franche-Comté et sans aucun privilège
pour les hommes (4). D'ailleurs dans cette contrée, le régime
de succession était le même pour tous les biens. Il n'existait
ni droit d'aînesse (5), ni privilège de masculinité, ni exclusion
des ascendants par les collatéraux. En un mot le régime de
succession était demeuré très romain (6).

(1) Coutume du comté de Bourg de 1459, art. 17. — Coutume du comté de
Bourgogne, chap. 3. Cpr. le titre X de la *lex romana burgundionum*.

(2) Othon de Frésinge, *De gestis Frederici*, II, 29.

(3) Ancienne coutume du duché de Bourgogne, art. 18, dans Giraud, *Essai
sur l'histoire du droit français au moyen âge*, t. II.

(4) Salvaing, *De l'usage des fiefs*, chap. 2.

(5) L'aîné jouissait seulement du privilège de porter les armes pleines,
tandis que les puînés devaient les briser par une ligne.

(6) L'acte de réunion, le statut de Humbert II de 1349, réservait toutes

En sens inverse, il existait des contrées où le privilège de masculinité avait conservé toute son ancienne rigueur, de sorte que les femmes ne subissaient pas seulement la préférence des hommes à égalité de degré, mais étaient même complètement exclues. Ainsi en Alsace les fiefs étaient masculins, sauf deux exceptions, l'une pour les fiefs oblats, c'est-à-dire pour les fiefs offerts à un puissant seigneur, clerc ou laïque et tenus de lui comme fiefs de reprise, l'autre pour les fiefs acquis moyennant finance et qu'on assimilait pour cette raison aux simples censives. Dans ces deux derniers cas, les filles étaient admises à la succession. Quant aux autres fiefs, on les distinguait en deux classes, fiefs *ex pacto et providentia* et fiefs ordinaires. Les premiers correspondaient à ce que le droit anglais appelait des fiefs taillés. Ils étaient soumis au régime de transmission organisé par l'acte même de constitution et se transmettaient, à vrai dire, plutôt par voie de substitution que par voie de succession. Quant aux fiefs ordinaires, ils étaient héréditaires sans droit d'aînesse, même en ligne directe (peut-être sous l'influence du droit romain fortement établi dans le municipe d'Argentoratum); mais en ligne collatérale, les femmes étaient exclues et de plus les collatéraux écartaient complètement les ascendants (1).

Nous pouvons maintenant nous former une idée exacte du mode général de transmission des fiefs par voie de succession. En ligne directe, le fils aîné est appelé, par préférence à tous autres, ou tout au moins prend une part beaucoup plus forte que ses frères puînés. S'il est prédécédé, son fils vient par représentation; c'est seulement dans le cas où l'aîné prédécédé n'a pas laissé de descendants mâles que le droit d'aînesse passe au second fils, et à son défaut à ses descendants par droit de représentation. Si le défunt n'a laissé aucun fils ni descendant d'eux, alors les filles viennent à la succession. Entre

les coutumes et franchises de la province et rappelait notamment cette règle fondamentale « que les prochains du lignage, mâle ou femelle, en montant ou descendant, et le collatéral aussi, nobles et non nobles, succèdent sans testament ou par testament, eux ou autres, selon les dispositions du testateur, tant en fiefs et arrière-fiefs, nobles ou autres, comme entre autres choses. » On trouvera ce texte dans Salvaing, *op. cit.*

(1) Voy. à cet égard Goetzmann, *Traité du droit commun des fiefs d'Allemagne,* Paris, 1768, 2 vol. in-12.

elles les fiefs se partagent également en principe ; mais cependant dans certains pays le droit d'aînesse existe aussi entre filles.

A défaut de descendants, les collatéraux forment la seconde classe des héritiers. En principe les ascendants sont exclus ; mais de bonne heure cette règle comporte d'importantes exceptions dans un certain nombre de provinces et alors les ascendants ou seulement quelques-uns d'entre eux, par exemple les père et mère, forment la seconde classe avec les collatéraux, d'après des principes qui, d'ailleurs, varient assez souvent. Mais en général, on admet que les héritiers collatéraux ou ascendants, doivent être des descendants du premier concessionnaire et c'est en combinant cette exigence avec la proximité de degré, qu'on détermine l'ordre entre les différents parents (1). Dans cette ligne collatérale, le mâle est préféré à la femme, mais seulement à égalité de degré. En général le droit d'aînesse n'existe pas en ligne collatérale. Les coutumes qui l'admettent forment une exception (2).

Cette absence du droit d'aînesse en ligne collatérale devait amener parfois des partages et par conséquent aussi des morcellements de fief. Mais cependant ces partages étaient encore plus rares qu'on ne pourrait le croire au premier abord. L'exclusion des femmes à égalité de degré et l'application de la règle *paterna paternis,* apportaient des entraves au morcellement des fiefs. Il n'en est pas moins vrai cependant que dans tous les cas où plusieurs parents mâles se trouveraient au même degré, le fief se divisait entre eux. Chacun portait alors séparément sa foi et son hommage. Mais le droit de justice étant indivisible, tous devaient l'exercer en commun et ensemble, comme formant fictivement un seul seigneur (3).

---

(1) Voy. par exemple *Grand coutumier de Normandie,* chap. 26, éd. de Gruchy, p. 79.

(2) Voy. par exemple, *Établissements de saint Louis,* liv. I, chap. 23. — *Anciennes coutumes d'Anjou et du Maine.* E, 155, t. I, p. 479 ; F, nos 422 à 424, t. II, p. 164 ; nos 428 et suiv., t. II, p. 166 et suiv., no 474, p. 183. — *Livre des droiz et des commandemens,* no 426, p. 167.

(3) Beaumanoir, chap. XIV, no 8, t. I, p. 226.

§ 6. SUCCESSION AUX ALLEUX.

A l'origine, la succession des alleux se réglait comme celle
des biens roturiers. Ainsi il n'y avait aucun droit d'aînesse, ni
de masculinité et les alleux se partageaient également entre
tous les enfants sans distinction de sexe. De nombreuses
chartes le prouvent en Anjou, pour le xe et le xie siècles (1).
Ce système fut consacré dans l'Orléanais jusqu'à la rédaction
de la nouvelle coutume (2). La coutume de Châlons a même
toujours admis le système du partage égal pour les alleux (3).
La raison de ce régime successoral est facile à donner : les
alleux étaient étrangers au régime féodal et les motifs qui
avaient fait introduire le système de primogéniture pour les
fiefs, n'existaient pas. C'est seulement au xvie siècle qu'on vit
s'introduire la distinction des alleux en nobles et roturiers
au point de vue des successions. Cette distinction existait déjà
sous d'autres rapports depuis longtemps, avec un caractère
très général. Ainsi en 1371, le roi Charles V avait concédé
aux alleux nobles tous les avantages de la noblesse et notamment l'exemption du droit de franc fief (4). De même des
lettres du 10 septembre 1409 reconnurent aux bourgeois de
Paris le droit de posséder des alleux nobles et des fiefs (5) et
comme tous les habitants de Paris étaient réputés nobles, il
en résulta qu'on donna aussi ce caractère à tous leurs alleux,
et on en conclut qu'ils devaient se transmettre comme les fiefs
avec droit d'aînesse et privilège de masculinité. Mais en 1510,
à l'occasion de la première rédaction de la coutume de Paris,
le président Baillet reprocha à ce système de porter une grave
atteinte au partage égal entre les enfants, et sur ses observations les trois États décidèrent que les alleux auxquels serait
attaché un signe de noblesse, par exemple une directe féodale ou censuelle, une justice, seraient seuls soumis au ré-

---

(1) Voy. d'Espinay, *Les cartulaires angevins,* p. 218 et 219.

(2) Cpr. Ancienne coutume d'Orléans, art. 214 et nouvelle coutume, art. 255.

(3) Coutume de Châlons, art. 165. Cpr. Chénon, *Étude sur l'histoire
des alleux en France,* p. 84 et suiv.

(4) Lettres du 9 août 1371, dans le *Recueil du Louvre,* t. V, p. 419.

(5) *Recueil du Louvre,* t. IX, p. 464.

gime de succession des fiefs et que les autres alleux se partageraient également comme les censives. C'est donc la coutume de Paris qui, la première en 1510, introduisit, non pas la distinction entre l'alleu noble et le roturier, comme on l'a dit parfois à tort, car cette distinction existait depuis longtemps déjà, mais l'application du régime de succession des censives aux alleux roturiers et celui de succession aux fiefs, aux alleux nobles. En d'autres termes, la distinction des alleux en nobles ou roturiers était ancienne ; elle avait toutefois disparu à Paris et pendant un siècle tous les alleux y avaient été nobles ; au moment de la rédaction de la coutume de 1510, on songea à étendre aux alleux nobles, le système de succession des fiefs et comme ce régime se serait appliqué à Paris à tous les alleux, on rétablit la distinction de ces biens en nobles ou roturiers et on appliqua aux premiers seulement le système successoral des fiefs. Cet exemple fut suivi par un grand nombre de coutumes. Toutefois celles qui ne reçurent aucune rédaction nouvelle depuis 1510, comme les coutumes de Châlons et de Troyes, conservèrent le système du partage égal pour tous les alleux, nobles ou autres. La coutume d'Orléans (art. 255) exagéra le système de la coutume de Paris et voulut qu'à l'avenir tous les alleux, même roturiers, fussent soumis au régime de la succession féodale. En Anjou, certains auteurs prétendaient que l'alleu noble ne pouvait pas être soumis au système de succession des fiefs, sous prétexte que l'article 255 n'admettait le droit d'aînesse qu'au profit des héritages tenus à foi et hommage et que d'après l'article 140 on ne faisait pas foi pour les biens allodiaux même nobles. Mais l'opinion contraire prévalut par la raison que les alleux avaient les qualités les plus éminentes des fiefs(1).

§ 7. SUCCESSION AUX PROPRES.

On peut relever dès le moyen âge, l'existence dans le droit coutumier de trois procédés différents destinés à assurer la conservation des biens dans les familles, le système de la

______

(1) Voy. du Pinaud, *op. cit.*, p. 201. — Pocquet de Livonnière, *Traité des fiefs*, éd. de 1733, p. 563.

succession aux propres, la réserve coutumière des quatre quints et le retrait lignager. Ces deux derniers moyens ne paraissent pas antérieurs au xiii° siècle ; ils existent dans Beaumanoir et dans les autres textes du temps avec la succession aux propres (1). Mais nous verrons qu'au xi° siècle le retrait lignager n'existait pas encore ; la famille était alors garantie par la nécessité de l'intervention des héritiers présomptifs à l'aliénation des biens venant des ancêtres (2). La réserve des quatre quints n'était pas davantage organisée. On relève au contraire de très bonne heure des textes qui prouvent l'existence d'une dévolution propre aux biens de famille (3). C'est qu'en effet, les germes de la succession aux propres se trouvent en partie dans les coutumes germaniques, en partie dans le droit féodal. On a beaucoup discuté sur l'origine de cette succession, mais aujourd'hui la controverse paraît éteinte (4). Dumoulin voyait déjà autrefois une partie de la vérité lorsqu'il disait que la succession aux propres avait

(1) Beaumanoir, chap. XII, n° 3 ; chap. XIV, n°ˢ 23 et 27 ; chap. XLIV, n° 1, t. I, p. 180, 237, 241 ; t. II, p. 184. — *Assises et arrêts de l'Échiquier de Normandie*, éd. Marnier, p. 98. — Charte d'avril 1225, dans Chantereau Lefebvre, *Traité des fiefs*, p. 168 de l'édit. de 1662.

(2) Voy. Jobbé-Duval, *Le retrait lignager et la vente à réméré*, p. 114 et suiv. Cpr. Lettres de Philippe-Auguste, portant confirmation de la coutume d'Amiens, n° 25, dans Augustin Thierry, *Recueil des monuments inédits de l'histoire du Tiers État*, t. I, p. 112.

(3) Voy., par exemple, les statuts de Burchard, du commencement du xi° siècle, chap. 1, dans le *Corpus juris germanici* de Walter, t. III, p. 775, une charte du cartulaire de Vendôme de la même époque reproduite en partie par d'Espinay, *Cartulaires Angevins*, p. 245 et une charte du cartulaire de Redon de 871, dans Lobineau, *Mémoires pour servir de preuve à l'histoire de Bretagne*, t. II, col. 67.

(4) On trouvera l'indication, à titre de pure curiosité, des principales opinions émises sur cette question dans Guyné, *Traité de la représentation, du double lien et de la règle* paterna paternis, éd. de 1773, p. 281 et suiv.; Dufourmantelle, *Du régime successoral des propres dans l'ancien droit,* 1882, p. 59 et suiv. Certains jurisconsultes, et des plus éminents, voyaient autrefois l'origine de la succession aux propres dans le droit romain. C'était l'opinion de Cujas sur la Novelle 84 de Justinien et celle de Godefroy, dans son *Commentaire du Code Théodosien,* éd. de 1737, t. II, p. 691. Renusson (*Traité des propres,* chap. 2, sect. 9, n° 3, éd. de 1681, p. 186) faisait remonter la règle *paterna paternis* aux Gaulois et M. Laferrière qui attribuait trop volontiers à notre droit des origines celtiques, s'est empressé d'adopter cette opinion dans son *Histoire du droit français.*

son origine dans le droit des Francs et dans celui des Bour-
guignons (1), et Basnage apercevait une autre partie de la
vérité lorsqu'il faisait dériver la succession aux propres, du
droit féodal (2). En effet, la distinction des biens en propres ou
acquêts vient certainement du droit germanique. Nous en avons
donné la preuve en étudiant le régime de succession de la loi
salique qui distinguait nettement entre la terre allodiale et les
autres biens. Nous connaissons aussi les ordres de dévolution
à la terre provenant des ancêtres ; mais lorsque le régime des
fiefs s'établit avec l'hérédité, c'étaient à l'origine les chartes
de concession qui réglaient le mode de dévolution de ces
biens. Suivant les termes de la charte, le fief était attribué
tantôt au vassal et à ses descendants, tantôt au vassal et à ses
héritiers (3). Lorsque le fief était attribué au vassal et à ses
descendants, il ne pouvait être question d'admettre les ascendants à la succession, et même à défaut de descendants du
dernier décédé, les collatéraux n'étaient capables de venir au
fief qu'autant qu'ils étaient descendants du premier acquéreur.
On était moins rigoureux lorsque l'acte de concession portait :
à un tel et à ses héritiers, sans autre explication. Les censives
et les alleux pouvant être des propres de famille aussi bien
que les fiefs, on fut tout naturellement amené à leur étendre
ce système de dévolution. C'est ainsi que la règle *propres ne
remontent* ne fut que l'application aux alleux et aux censives
de la maxime *feudum non ascendit* (4). De même l'application
à la parenté collatérale du système de la succession aux fiefs,
donna naissance à la règle *paterna paternis* qui apparaît très
nettement dans les textes du XIIIe siècle (5).

(1) Voy., dans ces œuvres, éd. de 1681, t. II, p. 830.

(2) Basnage, *Commentaires sur la coutume de Normandie,* tit. *Des
successions en propre,* éd. de 1709, t. I, p. 317. On trouvera la réfutation
de toutes les doctrines inexactes ou incomplètes dans Dufourmantelle, *op. cit.,*
p. 61.

(3) C'est ce que nous avons vu en étudiant le régime de succession aux
fiefs. Cpr. d'Espinay, *Études sur le droit de l'Anjou,* dans la *Revue historique de droit français et étranger,* année 1862, t. VIII, p. 547 et 557.

(4) Beaumanoir, chap. XIV, n° 22, t. I, p. 236. — Ancienne coutume de Dijon,
dans Pérard, *Recueil de plusieurs pièces curieuses pour servir à l'histoire de Bourgogne,* p. 357. — Laurière, sur l'art. 311 de la coutume de Paris.

(5) Beaumanoir, chap. XIV, n° 23, t. I, p. 237. — *Assises de Jérusalem,*
Cour des bourgeois, chap. 58, éd. Beugnot, t. II, p. 284.

Au temps de Beaumanoir, on entendait déjà par biens propres tous les immeubles acquis par succession d'un parent. Ainsi les meubles ne pouvaient pas être propres, ni même les immeubles acquis entre-vifs, à titre onéreux ou gratuit, ni enfin les immeubles acquis par succession du conjoint. Dans la suite on considéra aussi comme propres les immeubles donnés par les ascendants, ces donations étant traitées comme des avancements d'hoirie. Mais au temps de Beaumanoir, ce principe n'était pas encore nettement dégagé. Il faut en dire autant de la subrogation réelle, bien que déjà au XIIIe siècle, on considérât comme propre le bien acquis en échange d'un propre (1).

Si le *de cujus* ne laissait que des descendants, ils partageaient entre eux également tous les propres, de la même manière que les meubles et acquêts. A défaut de descendants, les propres ne pouvaient pas plus que les fiefs, passer aux ascendants, la règle *feuda non ascendunt* ayant conduit, comme on vient de le voir, au principe *propres ne remontent*. Mais ce principe parut tout à fait odieux; on se révoltait à l'idée de préférer un cousin très éloigné à un parent très proche. Aussi certaines chartes municipales refusaient d'exclure complètement les ascendants. Ainsi la charte de Saint-Omer attribuait la succession de l'enfant décédé sans postérité à ses père et mère conjointement avec ses frères et sœurs ou descendants d'eux (2). De même la charte de Laon voulait que la dot constituée à une fille, à une nièce ou à une autre parente, retournât au donateur lorsque la femme mourait sans postérité (3). Beaumanoir était beaucoup plus hardi et il proposait de donner à la règle *propres ne remontent* une explication qui ne tendait rien moins qu'à la supprimer purement et simplement; il l'entendait en effet en ce sens que les ascendants ne peuvent pas venir à la succession des propres tant qu'il existe des descendants; de sorte qu'un descendant exclut toujours un ascendant, même si le premier est à un degré plus éloigné du défunt que le second et par exemple un arrière-petit-fils empêcherait le père

<hr>

(1) Beaumanoir, chap. XLIV, n° 6, t. II, p. 189.

(2) Charte de Saint-Omer, art. 20, dans le *Recueil du Louvre*, t. IV, p. 251.

(3) Charte de Laon, chap. XIII, dans le *Recueil du Louvre*, t. XI, p. 186.

du défunt de venir à la succession (1). Cette explication revenait à admettre les ascendants à la succession des propres ; ils ne venaient sans doute qu'à défaut de descendants, mais il ne résultait pas moins du système de Beaumanoir que, sous ce rapport, toute différence disparaissait entre les propres et les acquêts et cependant on avait bien entendu établir une règle particulière aux propres en disant qu'ils ne remontent pas. Aussi le système proposé par Beaumanoir ne fut-il admis par personne. On allait même jusqu'à dire que l'ascendant devait être exclu du propre qu'il avait lui-même donné (2). C'est seulement beaucoup plus tard que, sous l'influence de Dumoulin, certaines coutumes, notamment celles de Paris et d'Orléans, autorisèrent le droit de retour au profit de l'ascendant donateur (3). A défaut de descendants, les biens propres retournaient donc au côté d'où ils provenaient ; c'était déjà la règle *paterna paternis*, *materna maternis*, qu'on appliquait aussi en matière de bail féodal et de retrait lignager (4). Mais sur le point de savoir comment devaient se grouper les lignagers, paternels ou maternels, il régnait une grande diversité dans les coutumes. On peut toutefois les ramener à trois groupes principaux. Il y avait d'abord les coutumes de simple côté ; c'étaient celles qui se bornaient à rechercher si l'immeuble venait du côté du père ou de celui de la mère, et à le déférer au plus proche parent paternel ou maternel (5).

Le système des coutumes souchères était plus compliqué : il voulait qu'on remontât au premier acquéreur de l'immeuble

(1) Beaumanoir, chap. XIV, n° 22, t. I, p. 236.

(2) Laurière, sur les *Institutes coutumières de Loisel*, liv. II, tit. 5, règle 17.

(3) Paris, art. 313 ; Orléans, art. 315. Cpr. Merlin, v° *Réversion*.

(4) Voy. par exemple Desmares, *Décision* 184. — *Coutumes notoires*, n° 92. — *Ancien coutumier de Picardie*, éd. Marnier, p. 156. Le pape Grégoire IX avait reconnu dans une de ses Décrétales que cette règle était aussi observée dans la coutume de Péronne. Voy. le *Recueil du Louvre*, t. V, p. 156. Dans le Béarn, la règle *paterna paternis* fut seulement consacrée par la rédaction de 1551 au titre des *Testaments et successions*. Il est probable que ce texte n'a pas établi une innovation, mais rappelé un usage très ancien. La coutume de Lavedan dit que la règle *paterna paternis* est très rigoureusement observée dans le pays. Sur le droit de succession de cette coutume, voy. les art. 2 et suiv.

(5) Metz, tit. xi, art. 30 ; Sedan, art. 182.

et il fallait être de la souche de cet acquéreur, c'est-à-dire appartenir à sa descendance, pour pouvoir être appelé à la succession du propre (1). Enfin il y avait des coutumes de côté et ligne qui différaient des précédentes sous un seul rapport : elles admettaient le droit de succession d'une manière plus étendue en reconnaissant la qualité de lignager, non seulement aux descendants, mais encore et aussi aux collatéraux du premier acquéreur (2).

Les coutumes les plus larges étaient évidemment les premières, celles de simple côté, puisqu'il suffisait d'être parent du côté paternel ou maternel pour être admis à la succession aux propres paternels ou maternels, sans qu'on s'occupât de la parenté avec le premier acquéreur (3). Mais il faut bien reconnaître aussi que ces coutumes de simple côté s'éloignaient le plus du droit féodal auquel avait cependant été emprunté ce principe de la succession aux propres. Aussi est-il probable que le système des coutumes de simple côté est le plus récent ; il est né d'une déviation donnée au système originaire, à l'effet d'augmenter le nombre des lignagers.

Ce système originaire, le plus ancien, est celui des coutumes souchères. Les constitutions de fief se faisaient originairement, on s'en souvient, à un tel et à ses descendants ; l'acte même de concession contenait ainsi la règle propre de suc-

----

(1) Mantes, art. 167; Montargis, chap. 15, art. 3; Touraine, art. 288. — Cpr. Merlin, v° *Paterna*.

(2) Paris, art. 326; Meaux, chap. 8, art. 43 et 44; Anjou, art. 268 et 270; Orléans, art. 325; Artois, art. 105.

(3) Pour comprendre les différences pratiques qui séparaient ces trois systèmes, il n'est peut-être pas inutile de donner un exemple. Dans le système des coutumes souchères, le plus ancien et le plus conforme aux vieux principes du droit féodal, si nous supposons un propre paternel mis dans la famille par le père du défunt, l'oncle paternel du *de cujus* ne peut pas succéder à ce propre, bien qu'il soit de la ligne d'où vient l'héritage, parce qu'il ne descend pas du premier acquéreur, mais le frère consanguin du défunt et, à son défaut, tous ses descendants, auraient pu recueillir le propre. Au contraire, dans les coutumes de côté et ligne, l'oncle paternel du défunt aurait pu hériter du propre puisqu'il était du côté d'où le bien était venu et de la ligne de celui qui l'avait mis dans la famille. Le système des coutumes de simple côté est encore plus large, puisqu'il ne remonte même pas à l'origine du propre; le parent le plus proche du côté paternel ou du côté maternel en hérite, même s'il n'est pas parent de celui qui a mis le bien dans la famille.

cession aux fiefs et il est bien certain qu'à cette époque toutes les fois que l'acte de concession portait : *à un tel et à ses descendants*, il fallait avoir la qualité de descendant du premier concessionnaire pour pouvoir être héritier du bien. Parfois cependant, l'acte de constitution portait : *à un tel et à ses hoirs*, en termes généraux et alors, même les collatéraux du premier concessionnaire, pouvaient arriver à la succession; c'est ce qui aura donné naissance au système des coutumes de côté et ligne. La coutume de Beauvoisis, pour laquelle écrivait Beaumanoir, appartenait à ce dernier groupe. Ce système était également consacré par les coutumes de Paris et d'Orléans; aussi a-t-il fini par former le droit commun de la France. Cependant les coutumes de simple côté étaient très nombreuses et dans les derniers siècles, la jurisprudence montra une certaine préférence pour le système qu'elles consacraient, à cause de sa simplicité.

Les coutumes souchères étaient très rares dans le dernier état de notre ancien droit. Merlin cite Melun, Dourdan, Mantes, Montargis, mais son énumération ne paraît pas complète. Ainsi la coutume de Touraine était de même nature. L'ancienne coutume d'Orléans était souchère, mais la nouvelle avait perdu ce caractère, ce qui prouve bien que l'ancien système était devenu impopulaire (1).

Ajoutons que si la classification des coutumes est facile après l'époque de leur rédaction, elle soulève tout au contraire de sérieuses difficultés et est à peu près impossible au moyen âge. Il existait même parfois des controverses sur le sens de la coutume. Ainsi on a fini par admettre, comme nous l'avons vu, que la coutume de Paris était de côté et ligne : pour succéder aux propres il suffisait d'être parent de côté et ligne; il n'était pas nécessaire de descendre de l'acquéreur primitif. Mais la question était encore très controversée aux xiiie et xive siècles. Certains arrêts semblent exiger, à cette époque, qu'on descende de l'acquéreur originaire, pour pouvoir hériter des propres. La coutume de Paris aurait donc alors été souchère (2). Cette controverse paraît bien établir aussi que la

(1) Pothier, *Coutume d'Orléans*, Introduction au titre XXVII, n° 31.
(2) Voy. Lecoq, *Question 87*. — Laurière, sur l'art. 329 de la *Coutume de Paris*, t. III, p. 133.

nécessité de descendre du premier acquéreur était la règle primitive. Les deux autres systèmes établis dans la suite n'en ont formé que la déviation. L'ancienne coutume de Normandie et le droit anglais, si fidèles aux vieux principes, pourraient en fournir une nouvelle preuve : ils voulaient qu'on descendît du premier acquéreur (1).

D'après l'ancienne coutume de Paris, lorsqu'il n'existait dans une ligne aucun parent apte à succéder, les propres ne passaient pourtant pas aux parents de l'autre ligne : ils étaient attribués d'abord au seigneur justicier, ensuite au fisc à titre de biens vacants et sans maître (2). C'est seulement en 1580 que, sous l'influence de Dumoulin, la coutume de Paris consentit enfin à admettre à défaut de parents d'une ligne, ceux de l'autre ligne (3).

A défaut de descendants et de collatéraux, les biens propres étaient acquis au seigneur. Sous l'influence du droit féodal qui proclamait la règle *feuda non ascendunt*, on avait donc exclu les ascendants de la succession aux propres, comme ils l'étaient déjà de la succession aux fiefs.

C'est seulement la seconde rédaction de la coutume de Paris qui admit la succession de l'ascendant donateur et permit au grand-père de succéder aux choses acquises par son fils et transmises à son petit-fils mort sans postérité. Mais dans ce second cas, le grand-père aurait été primé par les frères et sœurs du défunt, à cause de leur qualité de descendants de l'acquéreur du bien.

En dernier lieu, à partir du xvi⁰ siècle, la règle *propres ne remontent*, changea complètement de sens : elle signifia que les ascendants d'une ligne ne pouvaient pas hériter des biens

______

(1) *Grand coutumier de Normandie*, chap. 25, éd. de Gruchy, p. 77. — Cpr. mon *Histoire du droit et des institutions de l'Angleterre*, t. II, p. 277.

(2) Desmares, *Décision 184*. — *Coutumes notoires*, n° 92.

(3) Laurière, sur l'art. 330, t. III, p. 135. L'oncle et le cousin-germain étant au même degré canonique, on s'était demandé s'ils devaient concourir ou s'il fallait préférer l'oncle au neveu ; mais cette dernière solution avait été définitivement adoptée dès la fin du xiii⁰ siècle. Voy. une sentence du parloir aux bourgeois du 29 janvier 1287, dans Le Roux de Lincy, *Histoire de l'Hôtel-de-Ville de Paris*, p. 106. — *Coutumes notoires*, n° 91. — Cpr. Coutume de Paris de 1510, art. 153, et de 1580, art. 338.

propres de l'autre ligne, tant que celle-ci était occupée par
des collatéraux, tandis que s'il s'était agi d'acquêts, ceux-
ci auraient passé aux ascendants même de l'autre ligne, lesquels primaient dans ce cas toujours les collatéraux. En réalité, cette règle se confondait donc maintenant avec la maxime
paterna paternis.

Terminons l'étude des règles relatives à la succession aux
propres en relevant un usage remarquable de quelques anciennes coutumes et connu sous le nom de dévolution. Dans ces
coutumes, lorsqu'un des deux parents, le père ou la mère, venait à mourir, la succession s'ouvrait au profit des enfants, non
seulement sur les propres du défunt, mais encore et aussi sur
ceux de l'époux survivant. Toutefois à son égard, elle n'était
ouverte que pour la nue-propriété, laquelle passait aux enfants
et le parent survivant, père ou mère, conservait l'usufruit. Ce
système avait été certainement établi en faveur des enfants nés
du premier mariage et pour leur éviter les dangers qu'aurait
pu leur faire courir le convol en secondes noces du conjoint
survivant (1).

Il existait aussi en Alsace un système de dévolution à Col-
mar et dans les autres villes impériales du centre qui l'avaient
emprunté au droit statutaire de Cologne. A la mort de l'un
des époux, tous les immeubles des deux conjoints et qui
avaient formé pendant le mariage une masse unique, étaient
exclusivement attribués en nue-propriété aux enfants issus de
ce mariage. Mais le survivant en gardait l'usufruit, et si les
enfants mouraient avant lui *ab intestat* et sans postérité, il
reprenait alors la pleine propriété de ses biens (2).

§ 8. Succession aux tenures roturières.

Les tenures roturières, villenages, censives, bourgages et
autres, étaient soumises à un régime successoral bien différent

(1) Voy. à cet égard *Livre de jostice et de plet*, p. 256. — Coutume de
Lorris-Orléans dans La Thaumassière. — Coutumes locales de Berry et celles
de Lorris, 1680, p. 459. — Viollet, *Établissements de saint Louis*, t. I,
p. 367.

(2) Voy. Bonvalot, *Coutumes du val d'Orbey*, dans la *Revue historique de droit français et étranger*, t. X, p. 516.

de celui des fiefs : on n'y connaissait ni le droit d'aînesse, ni le privilège de masculinité, ni l'exclusion des ascendants. Ainsi les puînés partageaient avec les aînés et les filles avec les mâles. En un mot tous les enfants venaient pour parts égales à la succession de ces biens (1). Le *Grand coutumier de Normandie* nous apprend qu'en « bourgaige auront les sœurs telle partie comme les frères (2). » A défaut de descendants, le père et la mère succédaient à l'exclusion des frères et sœurs ; ceux-ci venaient ensuite à la succession ; puis à leur défaut l'aïeul et l'aïeule ; à leur défaut les oncles et tantes et ainsi de suite d'après l'ordre des parentelles et sauf application des règles *propres ne remontent, paterna paternis* (3).

Mais ce droit commun des coutumes comportait des dérogations très diverses. Ainsi la coutume de Ponthieu consacrait le droit d'aînesse même pour les biens roturiers et ce droit d'aînesse existait entre filles comme entre fils. Il paraît aussi qu'en Normandie l'aîné avait droit au principal héritage avec le clos et le jardin, à charge toutefois d'en tenir compte à ses cohéritiers (4).

§ 9. Succession des serfs.

Quant aux successions des serfs, elles variaient à l'infini, suivant les coutumes. Ainsi ceux qui avaient conservé, pendant les premiers temps de la féodalité cette condition dans toute sa rigueur, ne laissaient pas de succession, par cela même qu'ils ne pouvaient être propriétaires. Mais de bonne heure la mainmorte avait succédé au servage dans un grand nombre de contrées et le mainmortable possédait un pécule dont il

---

(1) *Établissements de saint Louis,* liv. I, chap. 138 et 139, éd. Viollet, t. II, p. 264. — Voy. aussi *Coutume des pays de Vermendois,* éd. Beautemps-Beaupré, p. 89.

(2) *Grand coutumier de Normandie,* chap. 26, éd. de Gruchy, p. 86.

(3) Voy. sur ces différents points Beaumanoir, chap. XIV, nos 23 et 24, t. I, p. 237. — Loisel, *Institutes coutumières,* liv. II, tit. 5, règle 16.

(4) *Grand coutumier de Normandie,* chap. 26 : « Le chief de l'héritage remaindra à l'aîsné, si comme le hébergement, le clos et le jardin, pourtant qu'il en face à ses frères loyal eschange à la value, » éd. de Gruchy, p. 81, où l'on trouvera en outre d'intéressants détails sur la manière de faire le partage.

pouvait disposer librement pendant sa vie (1). Toutefois il lui était interdit de tester au delà de cinq sous pour le repos de son âme (2). Si le mainmortable vivait en communauté, alors les parents faisant partie de la même société, héritaient de lui ; à leur défaut le seigneur reprenait la tenure par droit de déshérence et sans payer les dettes. Dans certaines coutumes, mais non dans toutes celles qui reconnaissaient les communautés de paysans, il avait aussi droit aux autres biens, toutefois comme héritier et à ce titre il était tenu des dettes (3). Dans les coutumes d'Auvergne et de la Marche les enfants du serf lui succédaient même s'ils n'avaient pas vécu en communauté avec lui (4). Dans certaines coutumes le serf n'avait pour héritiers que ses enfants ; tous ses autres parents étaient exclus, même s'ils avaient vécu en communauté avec lui et à défaut de descendants, c'était le seigneur qui prenait la succession (5). Enfin le seigneur avait toujours droit, lorsqu'il ne venait pas à la succession, au *mortuarium*, en vertu duquel il prélevait à son profit un meuble qu'il choisissait dans la succession (6).

§ 10. Principes généraux et communs aux pays de coutume.

Le droit coutumier n'admettait pas que le testament pût faire un héritier ; il n'existait que des héritiers *ab intestat* lesquels devaient leur titre à la coutume. Cependant l'ancienne coutume de Bordeaux reconnaissait l'institution d'héritier par testament sous l'influence manifeste du droit romain et comme elle admettait en même temps la maxime *le mort saisit le vif*, elle en étendait le bénéfice à l'héritier testamentaire pour que

(1) Beaumanoir, chap. XLV, nos 31 et 37, t. II, p. 233 et 237.

(2) Beaumanoir, chap. XII, n° 3, t. 1, p. 180.

(3) Cpr. Coutume du duché de Bourgogne, chap. 9, art. 15 et 16 ; comté de Bourgogne, art. 89 et 100 ; Nivernais, chap. 8, art. 7, 24, 25 ; Marche, art. 154 et 164 ; Bourbonnais, art. 207 ; Auvergne, titre XXVII, art. 3.

(4) Auvergne, tit. XXVII, art. 3 ; Marche, art. 154.

(5) Chaumont, art. 154 ; Troyes, art. 3 ; Vitry, art. 142.

(6) *Olim,* éd. Beugnot, t. I, p. 17 et 18. — Voy. sur ces différents points Garsonnet, *Histoire des locations perpétuelles,* p. 487.

ses droits ne fussent pas inférieurs à ceux de l'héritier du sang (1). Mais c'était là une particularité sans importance. La véritable règle générale était celle que Glanville avait formulée en disant : *Solus Deus heredes facere potest* (2). On exprimera en France le même principe en disant : *Institution d'héritier n'a lieu* (3).

Toutefois tous les parents n'étaient pas appelés à la succession et il existait en outre divers modes de computation de la parenté, provenant du droit romain, du droit germanique, du droit canonique. Beaumanoir, peu satisfait de ces différents systèmes, essaye même d'en construire un nouveau, mais qui nous paraît manquer de précision. Dans le *Livre de jostice et de plet,* c'est la computation romaine qui est adoptée (4). Le *Grand coutumier de Normandie* paraît préférer la computation germanique et déclare qu'il limite la succession au septième degré; mais la glose placée sous le texte dit qu'il faut entendre par là le septième degré canonique (5). Dans certaines contrées, la parenté donnant droit de succession était beaucoup plus limitée. Ainsi les anciennes coutumes basques, probablement par tradition de la vieille communauté de famille, ne connaissent pas la succession des biens propres au delà du degré de frère et de sœur (6).

A défaut de parents au degré successible, ou de conjoint survivant, dans les pays où la coutume reconnaissait un droit de succession entre époux, les biens étaient dévolus au fisc, soit à celui du seigneur local, soit à celui du roi (7). Toutefois certaines villes, par cela même qu'elles jouissaient des droits seigneuriaux, héritaient des successions vacantes; à Arles,

(1) *Las coustumas de la vilà de Bordeu,* art. 94 et 239.

(2) Lib. VII, cap. 1. Cpr. *Regiam majestatem,* lib. II, cap. 20, n° 4 dans Houard, t. II, p. 119.

(3) Voy. Loisel, *Institutes coutumières,* liv. II, tit. 4, règle 304. — Laurière, sur l'article 299 de la coutume de Paris.

(4) *Livre de Jostice et de plet,* p. 225.

(5) *Grand coutumier de Normandie,* chap. 26.

(6) Voy. à cet égard, Laferrière, *Histoire du droit français,* t. V, p. 399.

(7) *Coutumes notoires,* n° 92. — Loisel, *Institutes coutumières,* liv. II, tit. 5, règle 26.

notamment, ces biens étaient affectés à l'entretien des ponts sur le Rhône (1).

Il pouvait arriver qu'une personne laissât des biens en déshérence tandis que d'autres trouvaient des héritiers; c'était la conséquence de ce principe qu'il s'ouvrait en réalité à la mort autant de successions que d'espèces de biens. Il y a plus : on excluait dans certaines coutumes la dévolution d'une ligne à l'autre en vertu de la maxime *paterna paternis, materna maternis*, à ce point qu'à défaut d'héritier dans la ligne à laquelle les biens appartenaient, on préférait donner ces biens au fisc plutôt que d'en faire profiter l'autre ligne.

L'héritier avait de plein droit la saisine de la succession. Nos anciens coutumiers répètent à l'envi la maxime *le mort saisit le vif*, qu'on retrouve ensuite dans les coutumes officielles, et jusque dans le Code civil. On a beaucoup discuté sur le sens et l'origine de cette maxime. Cependant elle apparaît dans les vieux coutumiers en termes très précis avec un sens fort net et aucun des anciens praticiens ne nous dit qu'elle ait jamais soulevé la moindre difficulté. C'est le droit romain qui dans la suite a été en cette matière une cause d'erreur et de confusion.

On sait que, chez les Romains, les droits réels ou personnels et les actions passaient directement du défunt à son héritier, testamentaire ou légitime. Toutefois les jurisconsultes romains n'ont jamais considéré la possession dans le sens juridique de ce mot, c'est-à-dire le fait d'avoir une chose à sa disposition avec l'intention de se conduire à titre de propriétaire, qu'on le soit ou non, comme constituant un véritable droit. Aussi la possession n'était-elle pas protégée comme la propriété, par de véritables actions en justice; elle ne trouvait garantie et sanction que dans des interdits prétoriens, c'est-à-dire dans des actes d'administration judiciaire du préteur romain, lesquels pouvaient d'ailleurs aboutir à certaines condamnations. De ce que la possession était plutôt un fait qu'un droit, on en concluait que l'héritier externe ou volontaire n'acquérait la possession, relativement aux biens du défunt, que par un acte d'appréhension personnelle; l'adition ou

____

(1) *Statuta Arelatis*, art. 83. *De bonis decendentium sine herede.*

acte d'acceptation de l'hérédité ne lui faisait acquérir que la propriété. Les romanistes ont même accepté cette solution pour le cas d'héritier sien et pour celui d'héritier nécessaire. Mais d'après les récents travaux de restitution du paragraphe 58 du Commentaire 2 de Gaius, on admet assez volontiers aujourd'hui l'acquisition *ipso jure* de la possession aussi bien que de la propriété par les héritiers de ces deux classes (1).

On peut expliquer cette particularité pour l'héritier sien en y voyant un vieux souvenir de l'antique copropriété de famille à laquelle les textes font en effet parfois allusion à l'occasion de ces héritiers ; puis ensuite cette sorte de saisine héréditaire aurait été étendue par voie d'analogie de l'héritier sien à l'héritier nécessaire. Quoi qu'il en soit, il n'en est pas moins vrai qu'en droit romain cette situation était tout à fait exceptionnelle : l'héritier externe n'acquérait la possession que par une appréhension personnelle ; n'étant qu'un simple fait, elle ne pouvait se transmettre directement à l'héritier et celui-ci n'acquérait pas davantage des droits et actions naissant de la possession du défunt, par la raison bien simple qu'il n'en existait pas.

Mais dans les anciens usages germaniques, la notion de la possession était bien différente sous plusieurs rapports essentiels. Sans doute il pouvait arriver, dans certains cas et surtout à l'origine, que la possession fût un simple fait. Mais tandis qu'elle gardait ce caractère en tout temps chez les Romains et qu'elle n'était jamais protégée par une action, dans les usages germaniques la possession devenait rapidement un droit lorsqu'elle n'offrait pas ce caractère dès le début. A vrai dire même fort souvent, on ne distinguait pas la propriété de la possession, comme le faisaient les jurisconsultes romains avec un soin scrupuleux ; la possession munie d'action était aussi la propriété et réciproquement ; la possession

(1) Voy. à cet égard Dubois, *La saisine héréditaire en droit romain*, dans la *Nouvelle Revue historique de droit français et étranger*, année 1880, t. IV, p. 101 et 427; année 1881, t. V, p. 129. Le mot saisine héréditaire n'est peut-être pas très heureux en droit romain, d'autant mieux qu'à un point de vue plus général on ne s'entend pas toujours sur le sens de ce mot saisine. Les uns veulent que dans notre droit actuel elle désigne, au profit de l'héritier, la faculté de prendre possession de sa propre autorité, tandis que d'autres y voient, avec plus de raison, selon nous, une acquisition de la possession de plein droit et sans acte d'appréhension.

de pur fait était une simple anomalie dont on ne tenait pas
compte. Dès lors, il est facile de comprendre que, déjà à l'é-
poque franque, la possession se soit transmise à l'héritier
parmi les Barbares, absolument de la même manière que la
propriété passait du défunt à son héritier dans le droit romain.
En d'autres termes, il existait deux modes de transmission dans
la législation romaine du défunt à l'héritier ; l'un pour la propriété et les droits réels ou personnels, l'autre pour la possession qu'on distinguait de la propriété et qui ne constituait pas
un droit ; dans le premier cas, la transmission résultait *ipso
jure* de la seule acceptation de la succession ; dans le second
cas, elle exigeait un acte d'appréhension personnelle de l'héritier, mais c'était bien encore une transmission et non une acquisition nouvelle, car l'héritier continuait nécessairement la
possession du défunt et n'en commençait pas une autre. Dans le
droit barbare où la possession était en même temps une propriété et un droit, où elle était garantie par de véritables actions
et non pas simplement, par des mesures de police, il était tout
naturel que cette distinction disparût et que tout le patrimoine,
y compris la possession, se transmît directement du défunt à
l'héritier. C'est précisément à ces anciens usages que remonte
la maxime *le mort saisit le vif*. Les plus anciens textes ne pré-
voient jamais la question soulevée dans le droit romain précisément parce qu'elle ne pouvait pas exister. Dès les premiers
temps, la propriété et la possession de tous les biens se sont
donc transmises de plein droit et directement du défunt à l'héritier. Il ne pouvait, il est vrai, être question de cette transmission pour les fiefs tant qu'ils furent viagers et la même
observation s'applique aux autres tenures de même durée.
Lorsqu'on admit ensuite les fiefs héréditaires, la possession
de ces biens passa, elle aussi, de plein droit du défunt à l'héritier. Sans doute celui-ci devait prêter la foi et hommage dans
les quarante jours du décès, sous peine d'encourir la saisie
féodale. L'héritier n'était privé du fief qu'au bout des quarante
jours et au xive siècle on alla même plus loin : le vassal ne fut
plus constitué en demeure et privé de la jouissance qu'à partir
du jour où le seigneur usait de son droit par la mainmise après
l'expiration des quarante jours ; le silence du seigneur était
regardé comme une souffrance tacite et on en arriva même à

considérer la souffrance comme valant foi (1). Sans doute le seigneur avait droit au relief dès qu'il avait reçu l'hommage de son vassal (2). C'était la conséquence du consentement en réalité forcé que le seigneur était censé donner à la transmission du fief, mais de ce que le relief était payé après la prestation de l'hommage, on a la preuve manifeste que le fief, comme les autres biens, se transmettait directement du vassal à son héritier. C'est plus tard seulement que certains seigneurs élevèrent des prétentions contraires. Glanville est formel sur ce point et nous parle en termes très nets de la transmission du défunt à son héritier : « *Heredes vero majores statim post decessum antecessorum suorum possunt se tenere in hereditate sua, licet domini possunt feodum suum cum herede in manus suas capere. Ita tamen moderate id fieri debet, ne aliquam disseisinam heredibus faciant; possunt enim heredes, si opus fuerit, violencie dominorum resistere, dum tamen parati sunt relevium et alia recta servitia eis inde facere* (3). »

Le fief passe donc bien directement du défunt à son héritier. Glanville donne lui-même plusieurs applications de cette règle. Il suppose par exemple que le seigneur conteste à l'héritier cette qualité; alors, dit-il, de deux choses l'une : ou le prétendu héritier n'est pas en possession du fief, et il agira contre son seigneur *per assisam de morte antecessoris;* ou bien il est en possession, et dans ce cas il peut s'y maintenir tranquillement, sans même payer le relief, tant que le seigneur n'aura pas reçu son hommage, car le vassal n'est pas tenu de cette dette avant ce moment (4). Ailleurs, Glanville suppose entre deux per-

---

(1) Desmares, *Décision 193.* — *Coutumes notoires,* n° 134. — *Grand coutumier,* liv. II, chap. 25, p. 279.

(2) Glanville, lib. IX, cap. 1 et 4.

(3) Glanville, lib. VII, cap. 9, § 1. Plus loin Glanville revient sur la même idée : « *Cum autem heres masculus et notus heres etatem habens relinquatur, in sua hereditate se tenebit, ut supradictus est, etiam invito domino, dum tamen domino suo, sicut tenetur, suum offerat homagium coram probis hominibus, et suum rationabile relevium...* Glanville, lib. IX, cap. 4, § 4.

(4) Glanville, lib. IX, cap. 6, § 2. « *Sin autem precise negaverit eum esse heredem, tunc quidem, si extra seisinam esset, posset quidem assisam versus dominum suum quærere de morte antecessoris sui. Verumtamen si in seisina sit, ita in seisina se teneat et patienter susti-*

sonnes un procès relatif à la possession d'un fief héréditaire et
les solutions qu'il propose partent encore de ce principe que
la possession se transmet directement à l'héritier pour les fiefs
comme pour les autres biens (1). En réalité, comme on le voit,
ce grand jurisconsulte proclame déjà la règle « *le mort saisit
le vif,* » même contre le seigneur, puisqu'il permet à l'héritier
de résister par la force aux tentatives du seigneur de s'emparer du fief. Le *Grand coutumier de Normandie* (2) rappelle le
même principe et il a bien certainement en vue aussi les fiefs,
par cela même qu'il fait allusion au droit d'aînesse : « *ad primogenitum autem antecessoris saisina debet descendere.* » De
même la charte de Saint-Quentin de 1195 met sous la protection du maire et des jurés le droit de succession et elle veut
qu'ils assurent aux héritiers la transmission directe et instan-
tanée de la tenure ou de l'hérédité (3). De même encore, Pierre
de Fontaines constatant la différence qui sépare, au point de
vue de la saisine de succession, les coutumes de Picardie et
celles de Vermandois, s'exprime ainsi : « Notre usage est que
de toz les biens au mort sont li hoirs mis en saisine (4). » On
remarquera que dans ce texte il n'est établi aucune distinction
entre les fiefs et les autres biens et que déjà apparaît à peu
près la formule *le mort saisit le vif.* Toutefois cette maxime
n'est formulée avec cette précision pour la première fois que
dans une coutume d'Orléans du XIIIᵉ siècle ; elle a ensuite passé
dans les *Établissements de saint Louis* (5). On observera aussi
que, dans ce texte encore, le jurisconsulte s'exprime dans les
termes les plus généraux ; la règle s'applique à toutes sortes
de biens, nobles ou roturiers. D'ailleurs, ce qu'avait trouvé le

*neat, donec placeat domino suo homagium suum inde recipere ; quia
non prius tenetur quis de relevio suo domino suo respondere, donec
ipse homagium suum receperit de feodo, unde ei debet homagium.* »

(1) Glanville, lib. XIII, cap. 9 ; cap. 11, §§ 1 et 3 ; cap. 26 ; cap. 31.

(2) *Grand coutumier de Normandie,* chap. 35, p. 110 de l'édit. de
Gruchy.

(3) Charte de Saint-Quentin, art. 17, dans le *Recueil du Louvre,* t. XI,
p. 270.

(4) *Conseil* de Pierre de Fontaines, chap. XXXIII, art. 16, éd. Marnier,
p. 387.

(5) Usage d'Orléanois restitué, nº 3. — *Établissements de saint Louis,*
liv. II, chap. 4, éd. Viollet, t. II, p. 337.

praticien de l'Orléanais, c'était la formule de la règle, mais non la règle elle-même; celle-ci existait depuis très longtemps déjà et avait un caractère tout à fait général. On lit dans les *Olim* que, « *per generalem consuetudinem Francie et prepositure pariciencis dicitur quod mortuus saisit vivum* (1). » Plus tard certains jurisconsultes en feront encore l'observation, mais elle était déjà vraie longtemps avant eux (2).

Toutefois ici se place une remarque importante quant aux fiefs et c'est faute d'y avoir pris garde que beaucoup d'auteurs sont tombés dans l'erreur et ont dit que la règle *le mort saisit le vif* était à l'origine étrangère aux fiefs.

A défaut d'hommage et de relief, le seigneur peut exercer une sorte de droit de gage sur le fief, ce que l'on a appelé plus tard la saisine féodale, mais sans que ce fait exclue la saisine héréditaire même à l'égard du fief. C'est ce que Glanville a soin de relever dans le passage déjà cité. Toutefois dans la suite cette doctrine fut un instant menacée. Les héritiers essayèrent de se soustraire au droit de rachat ou de relief, en donnant précisément pour raison qu'ils étaient de plein droit saisis de l'hérédité et que cette saisine s'étendait aux fiefs comme aux autres biens. C'est alors, mais alors seulement, qu'on songea à établir une doctrine nouvelle. Au lieu d'admettre, comme au temps de Glanville, que l'héritier avait la saisine héréditaire même quant aux fiefs, sauf à faire hommage et à payer le relief, on prétendit en faveur des seigneurs qu'à la mort du vassal la possession du fief retournait au seigneur et que l'héritier la prenait seulement à partir du moment où il acquittait ses devoirs. Mais ce changement ne profita pas en définitive aux seigneurs et on en arriva à décider, assez arbitrairement d'ailleurs, que l'héritier direct devrait seulement la foi et l'hommage de bouche et de mains, sans être astreint à payer aucun droit de rachat ou de relief (3). Il n'y avait plus alors un grand intérêt à prétendre que la possession du fief ne passait pas du défunt à son héritier par l'effet de la saisine légale. Aussi

(1) *Olim*, t. III, p. 1180, nº 71. Cpr. *ibidem*, p. 1124, nº 48.

(2) *Anciennes coutumes d'Anjou et du Maine*, F, nº 821, t. II, p. 296. — Livre *Des droiz et des commandemens*, nºs 45, 538, 544.

(3) Voy. sur ces différents points *Grand coutumier*, liv. II, chap. 25 et 27. — *Coutumes notoires*, nº 134.

admit-on de nouveau que la maxime *le mort saisit le vif* concernait tous les biens, fiefs ou autres. Ce n'était toutefois pas
là une nouveauté, comme on l'a dit souvent à tort, mais un
simple retour à une règle ancienne déjà contenue dans Glanville. Au temps de ce jurisconsulte, les principes du droit
romain n'étaient pas encore bien connus, surtout en Angleterre. En France, au contraire, on s'attachait à les rapprocher
du droit coutumier. Il est fort possible que la formule *le mort
saisit le vif* ait été inspirée par un texte du droit romain. On
lit en effet dans un passage de Paul : *Possessio defuncti quasi
juncta descendit ad hæredem* (1). Mais, en réalité, le droit
romain bien compris proclamait la règle inverse. Certains
jurisconsultes coutumiers en font même très justement la
remarque : « En pays coutumiers, appréhension de fait ne fait
rien que le prochain hoir ne soit saisit et vestu de l'heritage
du deffunt par la coustume, *le mort saisit le vif* (2). »

Telles ont été l'origine et les vicissitudes de la règle célèbre,
le mort saisit le vif, qui s'est transmise jusque dans l'article
724 de notre Code civil.

Par l'exposé même de son développement, nous avons suffisamment réfuté les autres opinions émises par des jurisconsultes ou par des historiens. Il n'est pas vrai de dire que notre
règle vient de textes de droit romain mal compris au XIIIᵉ
siècle. Qu'un passage d'un jurisconsulte romain ait pu inspirer
la formule, il est permis de le conjecturer, mais le principe que
cette formule exprime était bien antérieur à l'époque où elle
fut trouvée. On s'éloigne encore davantage de la vérité lorsqu'on prétend que notre règle a été imaginée en haine des
droits féodaux, car elle est d'une date antérieure à la féodalité.
Ce qui est vrai, c'est qu'à une certaine époque, relativement
récente, on s'est demandé si la règle *le mort saisit le vif,* était
vraie pour les fiefs, mais en se plaçant à un point de vue purement fiscal. Nos anciens feudistes ont ensuite proposé une
explication qui a fait fortune. La règle aurait été, selon eux,

---

(1) L. 30, *Ex quibus causis majores,* lib. IV, tit. 6. Voy. aussi *Livre
de jostice et de plet,* p. 265, où l'influence du droit romain est manifeste.
Voy. encore *Anciennes coutumes d'Anjou et du Maine,* t. II, p. 374.

(2) Desmares, *Décision 12.* Cpr. *Décisions 21, 231, 235.* — Loisel, *Institutes coutumières,* liv. II, tit. 5, règle 317.

introduite en haine du droit féodal et pour réagir contre lui. D'après ce droit, toute personne qui mourait était censée se dessaisir de ses biens entre les mains de son seigneur, de sorte que les héritiers étaient obligés de reprendre ces biens au seigneur en lui faisant foi et hommage et en lui payant le relief s'il s'agissait de fiefs où de droit de saisine pour les héritages en roture. On aurait alors seulement, d'après nos anciens feudistes, imaginé une fiction destinée à supprimer ces droits : le défunt était censé avoir remis directement, au moment de sa mort, la possession de ses biens à son parent le plus proche. Cette explication de la saisine héréditaire est vraie en soi, mais fausse historiquement, car nous avons vu que de tout temps, à l'époque franque comme aux temps féodaux, on n'a jamais distingué la possession de la propriété, ni des droits et actions et qu'à tous ces points de vue on a toujours admis la transmission directe. Pour l'étude de toutes ces questions, Glanville est un guide précieux et c'est en s'inspirant de ses textes qu'on évite ces chances d'erreur.

La règle *le mort saisit le vif* n'avait pas seulement pour effet de transférer directement la possession du défunt à son héritier. Elle produisait encore d'autres conséquences : l'habile à succéder n'avait à demander aucun envoi en possession à la justice ; si l'héritier saisi venait à mourir avant d'avoir accepté ou renoncé, il n'en transmettait pas moins ses droits à ses héritiers ou autres successeurs.

Tel était le droit commun des coutumes. Mais quelques-unes y dérogeaient sur certains points. Ainsi la coutume de Bretagne n'admettait la saisine légale qu'en ligne directe ; en ligne collatérale, il fallait demander l'envoi en possession à la justice (1). Au contraire, d'après la coutume du comté de Bourgogne, comme d'après celle du Berry, la saisine légale réservée par le droit commun aux héritiers *ab intestat*, s'étendait à ceux qui étaient institués par testament (2). D'autres coutumes, sans aller aussi loin, admettaient la saisine au profit de

_____

(1) Ancienne coutume de Bretagne, art. 558, et nouvelle coutume de Bretagne, art. 540.

(2) Coutume du comté de Bourgogne, chap. 3, art. 43. — Coutumes du Berry, chap. 19, art. 28.

ceux qui avaient été institués par contrat de mariage (1). Mais nous nous en tenons pour le moment à ces indications, car ces détails appartiennent plutôt à la période suivante (2).

Bien que l'héritier fût saisi de plein droit et même à son insu, du patrimoine du défunt, propriété, possession, droits, actions, il n'avait pourtant pas cette qualité contre son gré et il lui était permis de s'en dégager en renonçant à la succession. Notre ancien droit n'a jamais connu les héritiers siens et nécessaires de la législation romaine, même après la renaissance de ce droit. Dès le xv° siècle, on formulait la maxime *nul n'est héritier qui ne veut;* mais cette formule, comme beaucoup d'autres, n'était que l'expression d'une règle fort ancienne (3). Toutefois l'héritier qui aurait pris un objet quelconque de la succession, quelque minime qu'eût été sa valeur, aurait été par cela même privé de la faculté de renoncer (4). Comme on ne pouvait contraindre un héritier à prendre parti instantanément, il fallait bien lui laisser un certain délai pour faire son choix. Ce délai était à Paris de quarante jours, terme très populaire, fort ancien et qu'on retrouve dans les circonstances les plus diverses en remontant jusqu'à l'époque franque (5). Toutefois, dans certaines coutumes, le délai était plus long et était porté à un an. Pendant ce temps les créanciers du défunt ne pouvaient pas agir contre l'héritier ni exécuter sur les biens du *de cujus.*

(1) Nivernais, titre *Des donations,* art. 12. — Bourbonnais, art. 219.

(2) Comparez sur la saisine héréditaire : Rosshirt, *Dogmengeschichte des Civilrechts,* Heidelberg, 1853, p. 210. — De Valroger, *De l'origine et de la maxime le mort saisit le vif,* dans la *Revue* de Fœlix, t. XVII, p. 108. — Simonet, *Histoire et théorie de la saisine héréditaire, dans les transmissions de biens par décès,* Paris, 1851, 1 vol. in-8° (ouvrage couronné par la Faculté de droit de Paris). — Liégeard, *De l'origine, de l'esprit et des cas d'application de la maxime : le partage est déclaratif de propriété.* — Dubois, *La saisine héréditaire en droit romain,* dans la *Nouvelle Revue historique de droit français et étranger,* année 1880, t. IV, p. 101 et 427; t. V, p. 129. — Viollet, *Établissements de saint Louis,* t. I, p. 496, et t. II, p. 337.

(3) Loisel, *Institutes coutumières,* liv. II, tit. 5, règle 318. Cpr. Coutume de Paris, art. 316.

(4) *Grand coutumier de France,* liv. II, chap. 40, p. 305.

(5) Lecoq, *Question 189.* — *Parloir aux bourgeois,* 1295, dans Le Roux de Lincy, *Histoire de l'Hôtel-de-Ville de Paris,* p. 129.

Entre l'acceptation pure et simple et la renonciation, le droit de Justinien avait imaginé un troisième parti, l'acceptation bénéficiaire qui, tout en permettant à l'héritier de prendre cette qualité, l'autorisait sous certaines conditions et formalités, à ne payer les dettes de la succession que jusqu'à concurrence de l'actif. Dès le xiiie siècle, Guillaume Durand mentionnait le bénéfice d'inventaire dans son *Speculum juris*. Mais il ne semble pas qu'il soit entré sérieusement dans la pratique avant le xive siècle (1). Toutefois, le pouvoir royal profita de cette innovation pour exiger que le bénéfice d'inventaire résultât de lettres de chancellerie. Cette mesure fiscale n'était d'ailleurs imposée qu'aux pays de coutume; elle n'existait pas dans ceux du droit écrit ni dans le Berry et dans la Bretagne. En 1614, les pays coutumiers demandèrent la suppression de ces lettres de chancellerie, mais la royauté répondit en 1629 par une ordonnance qui les étendit aux pays de droit écrit (2).

D'après le *Livre des droiz et des commandemens*, celui qui veut se porter héritier bénéficiaire, est tenu d'en faire la déclaration devant un notaire public ou devant des témoins honorables. Il doit ensuite publier sa déclaration ou la faire connaître aux créanciers du défunt pour qu'ils puissent assister à la confection de l'inventaire. Il faut commencer cet acte dans les trente jours qui suivent la déclaration et le terminer dans les trente jours à partir de celui où il a été commencé. On admettait aussi qu'au lieu d'accepter sous bénéfice d'inventaire, l'héritier pouvait transiger avec certains créanciers du défunt, au moyen de personnes interposées dont il devenait ensuite cessionnaire (3).

Dans l'ancienne coutume de Paris, celui qui acceptait sous bénéfice d'inventaire devait, après avoir obtenu ses lettres du prince et avant d'appréhender aucun bien de la succession, faire dresser un bon et loyal inventaire par le juge compétent, comprenant tous les biens, meubles, immeubles et arrière-

---

(1) Voy. pour plus de détails à cet égard, Jules Tambour, *Du bénéfice d'inventaire* (Thèse de doctorat, 1855).

(2) Ordonnance de 1629, art. 129.

(3) *Livre des droiz et des commandemens,* n°s 171, 825, 944, 959.

fiefs (1). Mais cette acceptation bénéficiaire étant vue avec défaveur, à cause du préjudice qu'elle faisait éprouver aux créanciers du défunt, on admit que l'héritier sous bénéfice d'inventaire pourrait toujours être écarté, même par un parent d'une autre ligne et d'un degré plus éloigné, si celui-ci offrait d'accepter la succession purement et simplement. Toutefois, à l'époque de la rédaction de la coutume de 1580, on consacra une dérogation à ce principe en ligne directe et on décida que l'héritier de cette ligne, même bénéficiaire, serait toujours préféré à l'héritier collatéral, même pur et simple. Mais l'ancien système fut conservé dans la ligne collatérale avec une restriction toutefois au profit du mineur : d'après l'article 343 de la coutume de Paris, le mineur, parent collatéral et héritier bénéficiaire, n'est plus exclu par un autre collatéral qui se porte héritier pur et simple qu'autant que tous deux sont parents au même degré vis-à-vis du défunt (2).

Certaines personnes étaient incapables de succéder et ces incapacités étaient en général les mêmes dans toutes les coutumes. Elles frappaient notamment ceux qui n'étaient pas encore nés ni même conçus à l'ouverture de la succession; les absents, au bout d'un certain nombre d'années; ceux qui étaient morts civilement, soit en vertu d'une condamnation, soit à raison de leur entrée dans un monastère; les aubains, les bâtards.

Il n'est pas nécessaire d'insister sur l'incapacité résultant de la mort civile encourue à titre de peine; elle était notamment la conséquence de la peine de mort, des galères et du bannissement perpétuel (3). Au moyen âge, la mort civile résultait encore, comme à l'époque franque, de la mise hors la loi, notamment pour cause de forfaiture (4). Mais il n'est pas inutile de dire quelques mots de l'incapacité des moines.

---

(1) *Coutumes notoires,* nᵒˢ 84 et 85.

(2) Voy. Laurière, sur les articles 342 et 343 de la coutume de Paris, t. III, p. 184.

(3) Voy. Loisel, *Institutes coutumières,* liv. II, tit. 5, règle 35.

(4) *Grand coutumier de Normandie,* chap. 27, éd. de Gruchy, p. 90 : « De forfaicture advient que succession est perdue, car aulcun des enfants à celuy qui a forfait sa terre ne peut succéder en l'héritage ; comme ailleurs cy-devant est plus plainement déclairé. »

Comme ils étaient morts civilement, ils ne pouvaient venir à aucune succession ni leur monastère pour eux. Au moment même où ils faisaient leur profession, c'est-à-dire où ils prononçaient leurs vœux, ils étaient frappés de cette incapacité et à ce même moment leurs parents héritaient d'eux (1). Cette mort civile était tout à fait juste à une époque où le législateur tenait compte des vœux monastiques et assurait leur effet; celui qui les prononçait renonçait spontanément à toute vie civile et à tout patrimoine. Mais cette incapacité, cela va sans dire, ne s'appliquait pas aux membres du clergé séculier qui ne prononçaient aucun vœu de cette nature. Toutefois, lorsqu'un moine entrait dans ce clergé et par exemple devenait évêque, il n'en restait pas moins incapable de succéder et cependant à sa mort ses parents héritaient de lui une seconde fois à l'exclusion du monastère et du chapitre (2).

Les membres du clergé séculier héritaient de leurs parents et leurs parents d'eux. Sous le régime des capitulaires, les parents des évêques ne succédaient qu'aux biens acquis par ces prélats avant leur épiscopat. Quant à ceux dont ils étaient devenus propriétaires depuis cette époque, ils appartenaient à l'Église et cette règle fut observée jusque sous le règne de Charles VI. Mais le pape Innocent IV et ses successeurs s'étant attribué les biens que les ecclésiastiques avaient acquis au service de l'Église, le roi de France Charles VI, pour empêcher l'observation de cette disposition, décida, par une ordonnance du 6 octobre 1385, que les parents des évêques, prêtres ou autres clercs séculiers, succéderaient à tous leurs biens sans aucune restriction. A cet effet, ordre fut donné à tous les officiers royaux de mettre la main sur tous les biens que ces clercs possédaient au jour de leur décès, si leurs parents en faisaient la réquisition; ces parents en obtenaient ensuite l'envoi en possession au moyen de lettres de chancellerie. Cette formalité, purement fiscale, ne fut supprimée qu'au xvie siècle (3).

---

(1) Loisel, *Institutes coutumières,* liv. II, tit. 5, règle 29. Cpr. coutume de Paris, art. 337. — *Grand coutumier de Normandie,* chap. 27, éd. de Gruchy, p. 89.

(2) Loisel, *Institutes coutumières,* liv. II, tit. 5, règle 28.

(3) Coutume de Paris de 1510, art. 151; Coutume de 1580, art. 336. — Voy. l'ordonnance de Charles VI dans le *Recueil du Louvre,* t. VII, p. 133 et dans Isambert, t. VI, p. 602.

Ces incapacités des religieux et religieuses expliquent le nombre considérable des moines : on s'efforçait de décider à entrer dans les monastères les cadets et les fils de famille pour accumuler toute la fortune entre les mains des aînés (1). Par le même motif, on avait admis déjà au moyen âge le principe qui se développa davantage dans les temps modernes de l'exclusion des filles dotées. On était loin de l'époque où la préférence de la loi Salique pour les fils était qualifiée de coutume impie. Sur cette question, les anciennes mœurs triomphèrent des résistances de l'Église. Ainsi, même en Italie, même dans les États du pape, les filles dotées étaient exclues des successions (2). En France, dans les pays du Midi, on imagina de faire renoncer la fille dotée à la succession future de ses parents, et comme cet acte était contraire à la loi romaine, on couvrit la nullité en faisant prêter serment à la jeune fille de ne pas l'invoquer. Cet usage devint bientôt si fréquent, qu'il fut consacré par les statuts d'un grand nombre de villes du Midi. Désormais, il fut admis de plein droit qu'une fille dotée était par cela même exhérédée et certains statuts allèrent jusqu'à décider, probablement en souvenir de vieux usages germaniques contraires à la transmission des immeubles aux femmes, que la dot ne pourrait pas porter sur des immeubles sans le consentement de la curie municipale (3).

Dans les pays de coutume, ce principe de l'exclusion des filles dotées fut consacré aussi très largement. D'après les *Établissements de saint Louis* et l'ancienne coutume de Bour-

---

(1) On pourra voir sur l'incapacité des religieux et religieuses des bulles de 1245, 1246, 1256, analysées par Wauters, *Histoire des environs de Bruxelles*, p. 661. — Bulle de 1262, dans Varin, *Archives administratives de la ville de Reims*, t. I, p. 803. — *Anciennes coutumes d'Anjou et du Maine*, F, n° 830, t. II, p. 298 ; N, n° 73, t. IV, p. 539.

(2) Vito la Mantia, *Storia della legislazione italiana*, t. I, p. 409 et 595.

(3) Coutume d'Arles de 1142, dans Giraud, *Essai sur l'histoire du droit français*, t. II, p. 2. — Coutume de Montpellier de 1204, art. 90, dans Giraud, *op. cit.*, t. I, Preuves, p. 66. — Coutume des nobles de Narbonne de 1232, dans Vaissète, *Histoire générale de Languedoc*, t. III, Preuves, n° 208. — Statuts de Marseille, II, 54, de 1255, dans De Fresquet, *Statuts de Marseille*, Aix, 1865, p. 106. — Statuts de Salon de 1293, dans Giraud, *op. cit.*, t. II, p. 246. — Coutume de Bergerac de 1337, art. 55. — Statuts de Provence de 1472, dans Julien, *Commentaire sur les statuts de Provence*, t. I, p. 433.

gogne, l'exclusion est de droit et résulte de la seule constitution de dot (1) et certaines coutumes vont jusqu'à considérer
comme constitution de dot, l'offre d'un chapel de roses (2).
La coutume de Bourgogne permet de rappeler la fille dotée à
succession, mais au moment même de la constitution de dot;
le rappel par testament ne pourrait avoir lieu qu'avec le consentement des fils (3). Nous connaissons, par nos études antérieures, la dot appelée mariage avenant et il n'est pas nécessaire d'y revenir. Dans l'ancienne coutume de Paris, d'après
Desmares, les fils et filles mariés et dotés sont exclus de
la succession s'il en reste d'autres demeurés en celle, c'est-à-
dire demeurés dans la famille; mais leur droit de succession
peut être réservé expressément par le contrat de mariage et
alors ils viennent à l'hérédité, à la condition de rapporter
leur dot. C'est là, comme on le voit, un vieux souvenir de l'émancipation résultant de ce que l'enfant quittait le toit paternel pour aller s'établir ailleurs (4). Ces exemples établissent
aussi qu'à notre époque le principe de l'exclusion des filles dotées était encore soumis à de grandes variétés dans ses détails.

Les bâtards étaient également frappés de certaines incapacités
en matière de succession. On sait qu'entre le XIIIe et le XVe
siècle, ils avaient cessé, dans toutes les parties du royaume,
d'être serfs et qu'ils avaient échappé à l'ancienne servitude de
la même manière que les aubains, notamment en profitant des
privilèges de franchise ou en s'avouant hommes du roi. Mais
d'ailleurs leur qualité de bâtard les empêchait d'être héritiers
de leurs père et mère; ils n'avaient d'autres parents légitimes
que leurs enfants dont ils pouvaient hériter. Toutefois certaines coutumes du Nord, notamment celles de Riquebourg,
Saint-Vaast, Valenciennes, Cassel, Tournai, Saint-Omer,
avaient admis le principe romain suivant lequel nul n'est bâtard de par la mère et en conséquence le bâtard pouvait hériter de sa mère, comme l'enfant légitime. Le même système

---

(1) *Établissements de saint Louis*, liv. I, chap. 11, édit. Viollet, t. II,
p. 22.

(2) *Établissements de saint Louis*, t. III, p. 259. — Coutume de Lorraine, art. 284.

(3) Ancienne coutume de Bourgogne, dans Giraud, *op. cit.*, t. II, p. 271.

(4) Desmares, *Décision 236*.

était observé en Dauphiné, mais non dans les autres pays de droit écrit. D'un autre côté, les bâtards ne pouvaient laisser d'autres héritiers que leurs enfants et autres descendants légitimes. A l'époque où les bâtards étaient serfs, le seigneur prenait leurs biens à leur mort en vertu de la mainmorte. Lorsque les bâtards devinrent libres, le seigneur continua à leur succéder, mais en vertu de la déshérence et non plus à raison de la mainmorte. En outre, on admit que tout bâtard pouvait faire un testament et que ses enfants légitimes venaient à sa succession. Quelques coutumiers le disent d'une manière expresse. C'est donc à défaut de testament et de descendants légitimes que le seigneur vient à la succession (1).

Fort souvent les seigneurs se virent contester le droit de bâtardise (c'est-à-dire le droit de succession aux bâtards), par le roi et ils finirent même par succomber dans cette lutte. Un grand nombre de bâtards s'avouaient en effet hommes du roi; les *Établissements de saint Louis* affirment même qu'aucun autre aveu ne pouvait être fait dans les pays d'obéissance (2). Ce qui est certain, c'est qu'en pareil cas le roi était héritier et non le seigneur du lieu où le bâtard était décédé. Le roi Philippe le Bel ordonna, en 1301, à ses baillis de rechercher avec soin, en cas de décès d'un bâtard, si sa succession devait aller au roi ou au seigneur. Dans cette circonstance encore, les légistes furent les utiles auxiliaires de la royauté et à la fin de notre période, le droit de bâtardise appartenait en principe

(1) Beaumanoir, chap. XLV, nᵒ 35, t. II, p. 236. — *Grand coutumier de Normandie*, chap. 27, éd. de Gruchy, p. 87, 89, et chap. 36, p. 112. — Le *Grand coutumier* résume très exactement la situation de l'enfant naturel au point de vue des successions : « Bastard ne peut estre heritier d'aulcun heritage ; mais par achapt, ou par aultre condition, le peut-il bien avoir. Aulcun ne peut estre hoir à bastard, que les enfants qu'il a de sa femme espousée. Et jà soit que bastard ne doye estre héritier de l'héritage à aulcun homme, non pourtant il en peut conquérir, et ce qu'il aura conquis il le peut donner, vendre ou engager à qui il vouldra, ainsi comme s'il fust de mariage, fors à ceulx qu'il a engendrés en bastardie. » Il va sans dire que dans les coutumes où il existait un droit de succession entre époux, la femme du bâtard pouvait hériter de son mari. Voy. aussi ce que nous avons dit dans notre *Histoire du droit et des institutions de l'Angleterre*, t. II, p. 280 et suiv.

(2) *Etablissements de saint Louis*, liv. II chap. 31, éd. Viollet, t. II, p. 428.

au roi. Le seigneur haut justicier n'héritait plus à défaut d'enfant légitime du bâtard qu'autant que celui-ci était né, avait demeuré et était trépassé dans sa seigneurie (1). Une ordonnance de Charles VI de 1386 exigeait même une autre condition pour la Champagne : il fallait que le bâtard fût né d'une femme serve du seigneur.

Cette même ordonnance revendiquait au profit du roi les successions des aubains dans toute l'étendue de la Champagne et de la Brie. L'aubaine engendrait en effet, comme la bâtardise, une incapacité d'hériter ou même d'avoir des héritiers. Loisel fait remarquer très exactement dans la règle 68 de ses *Institutes coutumières* que, d'une part l'aubain ne peut pas succéder à ses parents régnicoles et que ceux-ci d'un autre côté ne sont pas non plus admis à sa succession. Longtemps auparavant, dans le Midi et dans quelques provinces allodiales de l'Est, on avait admis qu'il pouvait transmettre la succession à ses enfants. Mais d'après les *Établissements de saint Louis*, si l'aubain venait à mourir avant d'avoir fait aveu au seigneur dans l'an et jour où il s'était établi sur sa terre et s'il n'avait pas disposé de quatre deniers au profit de ce seigneur, celui-ci avait le droit de confisquer les meubles à son profit. L'aubain avait-il fait un aveu en temps utile, c'est-à-dire dans l'an et jour de son établissement, alors le seigneur n'avait plus droit qu'à la moitié des meubles s'il y avait des héritiers ; à défaut d'héritiers, il prenait toute la succession, mais par déshérence et non plus en vertu du droit de confiscation (2). Toutefois lorsqu'un aubain s'était établi sur un héritage servile, il était assimilé à un serf et sa succession passait toujours au seigneur à défaut d'enfants. Ce n'est pas ici le lieu de rechercher comment la royauté est parvenue à se substituer au seigneur dans l'exercice du droit d'aubaine. Il en résulta que le roi hérita des étrangers décédés en France, sans enfants légitimes nés dans le royaume. C'est ce qui fut vrai surtout sous la période suivante où le droit d'aubaine avait atteint son entier développement.

D'ailleurs dans certaines villes, les étrangers ou forains

(1) *Grand coutumier de France*, liv. I, chap. 3, p. 103. — Bouteiller, *Somme rural*, liv. I, tit. 95, éd. de 1612, p. 537.

(2) *Établissements de saint Louis*, liv. I, chap. 42 et 100.

étaient relevés, en totalité ou en partie, des incapacités qui pesaient sur eux, notamment en matière de succession. Ces privilèges avaient été introduits pour favoriser le commerce. A Toulouse, l'ancienne coutume ne frappait les étrangers d'aucune incapacité spéciale. A Montpellier, le régime des successions était le même pour les forains et les bourgeois. Ainsi tout étranger avait le droit de faire son testament et ses parents héritaient de lui *ab intestat*. A défaut de testament et de parents connus, ses biens étaient mis à sa mort sous séquestre et administrés pendant un an et un jour par des prud'hommes. C'est seulement au bout de ce délai qu'ils étaient attribués au fisc, en supposant qu'aucun parent ne se fût présenté pour les recueillir (1).

Indépendamment de ces incapacités très générales d'hériter ou de laisser des héritiers, il en est quelques-unes de plus spéciales et qu'il suffira d'indiquer. Ainsi les lépreux étaient considérés comme morts civilement et à ce titre ils étaient frappés d'incapacité d'hériter (2). La même incapacité se retrouve dans le droit anglais (3). Il y avait aussi dans certaines contrées des cagots assimilés aux lépreux quant à l'incapacité (4). D'après les anciennes coutumes de l'Anjou et du Maine, la fille noble était exclue de la succession de ses parents pour cause d'inconduite (5). La même règle est consacrée par les *Établissements de saint Louis* (6). C'est là un souvenir de vieux usages que l'on relève déjà dans les lois

(1) Ancienne coutume de Montpellier, art. 114. Cpr. Tardif, *Le droit privé au xiiie siècle, d'après les coutumes de Toulouse et de Montpellier*, p. 22.

(2) *Grand coutumier de Normandie*, chap. 27, éd. de Gruchy, p. 90. « *Leprosi autem alicui in hereditatem succedere non possunt, dum tamen eorum ægritudo publice fuerit manifestata; possessam autem hereditatem totalis vitæ tempore retinebunt.* »

(3) Pour plus de détails sur l'incapacité des lépreux, voy. *Histoire du droit et des institutions de l'Angleterre*, t. II, p. 282, et Guillouard, *Étude sur la condition des lépreux au moyen âge*, notamment d'après la coutume de Normandie, 1 broch. Paris, 1875.

(4) Voy. Laurière, *Glossaire*, v° Cagot.

(5) *Anciennes coutumes d'Anjou et du Maine*, E, n° 71, t. I, p. 426; I, n° 202, t. III, p. 340; L, n° 134, t. IV, p. 204.

(6) *Établissements de saint Louis*, liv. I, chap. 14, éd. Viollet, p. 24.

barbares et dans celles des peuples scandinaves (1). Dan
l'ancienne coutume de Bordeaux, lorsque le défunt était mort
assassiné, son héritier présomptif, même son fils, ne pouvait hériter de lui qu'après avoir poursuivi la vengeance du
meurtre devant la justice. On pourrait croire que nous sommes
en présence d'une vieille tradition germanique, d'un souvenir
du droit de vengeance, mais nous pensons qu'il s'agit plutôt
d'un emprunt fait au droit romain (2).

Il était de droit très général au moyen âge que les meubles
des usuriers étaient attribués au seigneur justicier ou au roi à
titre de peine, mais il fallait que le défunt eût pratiqué l'usure
avec persistance jusqu'au moment de sa mort (3). On appli-

(1) Voy. par exemple, loi des Frisons, tit. IX, dans Pertz, *Leges*, III,
p. 664. — Cpr. Wilda, *Strafrechte der Germanen*, p. 830 et 847. —
Viollet, *Établissemeuts de saint Louis*, t. I, p. 144.

(2) D'après le sénatusconsulte Silanien, lorsque le défunt est mort victime
d'un meurtre, qu'il laisse ou non un testament, il faut avant tout que les
esclaves habitant sa maison aient été mis à la question et que les coupables
aient été punis. Le sénatusconsulte interdit l'ouverture du testament et .l'a-
dition d'hérédité jusqu'à ce moment ou tant qu'il ne s'est pas écoulé cinq
ans depuis le décès. Cette disposition était fondée sur la crainte que l'héritier
ne cherchât à dissimuler le meurtre, surtout s'il avait été commis par les
esclaves du défunt, afin de ne pas être privé de la propriété des coupables
Si l'héritier contrevenait au sénatusconsulte, il était déclaré indigne et privé
de la succession. Ces principes consacrés par de nombreux textes sont aussi
rappelés par les *Sentences* de Paul. Voy. notamment, L. 1, L. 3, § 18 et
29, L. 13, *De senatusconsulto Silaniano*, XXIX, 5; L. 3, § 3, *ad sena-
tus consultum Trebellianum*, XXXVI, 5. — Paul, *Sentences*, liv. III, tit. 5,
§ 10 : « *Hereditas a fisco ut indignis aufertur his primum qui, cum inter-
fectus esset testator, apertis tabulis testamenti vel ab intestato adie-
runt hereditatem, bonorumve possessionem acceperunt; amplius his
et in centum millia sestertiorum pœna irrogatur, nec refert a quibus
paterfamilias nec quemadmodum occidatur.* » C'est probablement cette
disposition des *Sentences* de Paul qui a passé dans l'ancienne coutume de
Bordeaux, car on sait que ce recueil faisait partie du Bréviaire d'Alaric qui
a exercé une grande influence dans tout le midi de la France. Nous ne par-
lons pas ici du sénatusconsulte Claudien qui a complété le sénatusconsulte
Silanien ni d'une *oratio* de Marc Aurèle, ni enfin d'un autre sénatusconsulte
rendu sous Néron et relatif au même sujet. Cf. au Digeste, *De senatusconsulto
Silaniano et Claudiano*, XXIX, 5; const. 2, *De his quibus ut indignis*,
VI, 34. — Tacite, *Annales*, XIII, 32 et XIV, 42 à 44.

(3) Glanville, lib. VII, cap. 16. — *Grand coutumier de Normandie*,
chap. 20, éd. de Gruchy, p. 53 et suiv. — *Anciennes coutumes d'Anjou et
du Maine*, A, nᵒ 21; B, nᵒ 95; C, nᵒ 88, t. I, p. 47, 120, 304; F, nᵒ 584,

quait la même pénalité au déconfès, c'est-à-dire à celui qui était mort après huit jours de maladie sans avoir voulu se confesser. S'il avait fait un testament, cet acte était valable et produisait effet, mais s'il était mort *intestat*, le baron ou le justicier sur la terre duquel il était décédé, s'emparait des meubles au dépens des héritiers. On assimilait sous ce rapport le déconfès au suicidé, mais cette incapacité de transmettre ses meubles aux héritiers, aurait été supprimée si le déconfès avait été frappé de mort subite (1).

On pouvait venir à la succession en qualité d'héritier, soit personnellement, soit comme substitué à un autre parent, c'est-à-dire par voie de représentation. Mais le bénéfice de la représentation s'introduisit très difficilement dans nos anciennes coutumes. La représentation était en effet tout à fait contraire au système du droit germanique. La loi Salique notamment le repoussait : c'est en vain qu'un édit de Childebert de 596 essaya de la consacrer parmi les Francs (2). Cette décision n'obtint aucun succès, comme le prouvent de nombreuses formules postérieures où l'on voit des pères appeler leur petit-fils à prendre part à la succession avec leurs fils. Cette vocation eût été tout à fait inutile si le décret de Childebert était resté en vigueur (3).

A l'époque de la féodalité militaire, la représentation rencontra un nouvel obstacle : on continua à la voir avec défaveur et à l'écarter parce qu'elle aurait eu souvent pour effet de faire venir à la succession de jeunes enfants incapables du

t. II, p. 217. L. n° 381, t. IV, p. 304. — *Livre des droiz et des commandemens*, n°s 453 et 965. — *Établissements de saint Louis*, liv. I, chap. 86, éd. Viollet, t. II, p. 148. — Cpr. Viollet, *Établissements de saint Louis*, t. I, p. 255.

(1) *Établissements de saint Louis*, liv. I, chap. 92 et 93, éd. Viollet, t. II, p. 149. — *Anciennes coutumes d'Anjou et du Maine*, B, n° 98; C, n° 90, t. I, p. 121, 305.

(2) Décret de Childebert II de 596, Pertz, *Leges*, I, 9; Boretius, 15.

(3) Rozière, *Form.*, 131 et suiv., 168, 172. On sait qu'en Allemagne la question de l'admission ou du rejet de la représentation dans les successions ayant soulevé une grave controverse, l'empereur Othon Ier décida que la difficulté serait tranchée au moyen d'un combat judiciaire; le champion de la représentation l'emporta et celle-ci entra dans le droit germanique. Cpr. Widukindus, *Res gestæ saxonicæ*, lib. II, cap. 10, Pertz, *Scriptores*, III, p. 440.

service de guerre. La féodalité perdit bientôt ce caractère, mais alors la représentation se heurta à une autre difficulté : on lui reprochait de favoriser le morcellement et la division des fortunes. On s'explique ainsi les graves difficultés qu'elle a éprouvées à s'introduire dans nos anciennes coutumes (1).

En Picardie comme dans la Flandre, la représentation n'était pas admise même en ligne directe (2). Dans cette contrée, les anciens principes du droit germanique en matière de succession, avaient fortement marqué leur empreinte. C'est ainsi que le patrimoine du défunt se partageait en trois tiers d'après les anciens usages d'Amiens, plus ou moins conformes au vieux droit des Francs (3). Les coutumes municipales de Lille ont commencé aussi par rejeter la représentation; mais elles l'ont admise en 1296, sous l'influence manifeste du droit romain. Toutefois, les coutumes de Douai, de Ponthieu, de Boulenois, de Chauny, de Senghein en Weppes, de Hainaut, d'Artois campagne, de Mortagne, n'ont, à aucune époque de notre ancien droit, accepté la représentation, ni en ligne collatérale, ni même en ligne directe (4). Dans le Laonnais, la

____

(1) Certains textes parlent d'une représentation qui n'en est pas une et qui serait de nature à induire en erreur, si l'on n'était pas prévenu. Ces textes se proposent seulement de dire qu'à défaut d'héritiers du premier degré dans la ligne directe, ceux du second degré, à défaut de ceux-ci, ceux du troisième, viennent à la succession par préférence aux collatéraux, même d'un degré plus rapproché; de même on dit qu'à défaut de collatéraux du premier degré dans une ligne, ceux du second, à défaut de ceux-ci, ceux du troisième, et ainsi de suite, sont appelés à la succession par préférence aux collatéraux de l'autre ligne, même d'un degré plus rapproché. Mais il ne s'agit plus là, comme on le voit, d'une représentation dans le vrai sens de ce mot. Beaumanoir, chap. XIV, nº 10, éd. Beugnot, t. I, p. 228. — *Anciennes coutumes d'Anjou et du Maine*, E, nº 135, t. I, p. 459; F, nº 425, t. II, p. 165; I, nᵒˢ 184 et 214, t. III, p. 326 et 349.

(2) *Ancien coutumier de Picardie*, éd. Marnier, p. 107.

(3) *Ancien coutumier de Picardie*, éd. Marnier, p. 156. — Cpr. Laferrière, *Histoire du droit français*, t. VI, p. 53.

(4) Coutume de Douai, chap. 2, art. 15; ancienne coutume de Boulenois, art. 71 et 83; coutume de Ponthieu, art. 8; coutume de Mortagne en Tournaisis, tit. *Des successions*, art. 2; coutume de Chauny, art. 36; coutume de Hainaut, chap. 90, art. 5; coutume d'Artois de 1509, art. 60; de 1540, art. 63; de 1544, art. 93, dans Maillart, *Coutumes générales d'Artois*, p. 101. — Voy. aussi Bouthors, *Coutumes locales du bailliage d'Amiens*, t. II, p. 352.

représentation était admise en ligne directe, mais non en ligne
collatérale (1). A Reims, la représentation existait pour les
nobles en ligne collatérale comme en ligne directe, probablement sous l'influence du droit romain dans cette ville que
gouvernait l'archevêque, mais elle était absolument étrangère
aux successions des roturiers qui étaient restés plus fidèles
aux anciens principes du droit germanique (2). En Normandie,
la représentation avait d'abord été admise, tout en donnant
lieu à des controverses (3). Mais en définitive, le système qui
exclut la représentation triompha sous l'influence des hommes
puissants, comme dit l'ancien coutumier de Normandie qui
s'indigne contre cette solution contraire en effet à l'équité et
aux affections présumées du défunt (4).

Dans les anciennes coutumes de Champagne et de Brie, la
représentation avait lieu en ligne directe et en ligne collatérale
pour les biens et pour les alleux, mais elle était écartée pour
les fiefs. Au xvi° siècle, la coutume de Châlons effaça cette
différence, mais en partie seulement, en décidant que la représentation aurait lieu en ligne directe pour les fiefs comme pour
les rotures (5).

Le *Livre de jostice et de plet* n'admet pas la représentation,
car il décide que si les fils du défunt sont tous prédécédés,
laissant des enfants en nombres différents, tous ces petits-en-
fants viendront par parts égales, tandis qu'ils auraient succédé
par souches si la représentation avait eu lieu (6).

Les anciennes coutumes d'Anjou et du Maine ne parlent
pas de la représentation dans le sens exact de ce mot (7). Mais

(1) *Coutumes des pays de Vermendois,* n° 162, éd. Beautemps-Beaupré,
p. 90.

(2) *Coutumes des pays de Vermendois,* n° 191, éd. Beautemps-Beaupré,
p. 100.

(3) Voy. le *Très ancien coutumier de Normandie,* éd. Tardif, p. 94.

(4) Encore n'avait-on admis auparavant la représentation qu'en ligne directe. Voy. *Grand coutumier de Normandie,* chap. 25, éd. de Gruchy,
p. 74.

(5) *Li droit et li coutume de Champaigne et de Brie,* art. 11 et 55. —
Coutume de Châlons, art. 81.

(6) *Livre de jostice et de plet,* p. 248.

(7) Elles emploient le mot représentation dans le sens impropre que nous
avons expliqué plus haut. Voy. par exemple, F, n° 425, t. II, p. 165.

le *Livre des droiz et des commandemens* admet formellement la représentation, du moins en ligne directe (1).

Dans la coutume de Paris, on éprouva bien des hésitations; les uns voulaient admettre, les autres repousser la représentation (2). Ce fut en définitive cette seconde opinion qui l'emporta. Desmares décide qu'il faut exclure la représentation, en ligne directe comme en ligne collatérale, à moins qu'elle n'ait été expressément stipulée par contrat de mariage (3). Cependant les arrêts s'éloignaient parfois de cette doctrine; aussi à l'époque de la première rédaction de la coutume de Paris, la controverse reparut. On commença par proposer l'exclusion de la représentation; puis après discussion, l'opinion contraire l'emporta et la représentation fut admise, toutefois en ligne directe seulement (4). En 1580, à l'époque de la seconde rédaction, la représentation fit encore un nouveau progrès, d'ailleurs peu sensible : elle fut autorisée en ligne collatérale, mais seulement au profit des neveux et nièces (5).

On voit avec quelle difficulté la représentation a pénétré dans les pays de coutume. Il est peu d'institutions romaines qui aient rencontré plus de résistance et cette lutte montre tout l'intérêt qu'on attachait à cette époque à empêcher la division des fortunes. C'est seulement dans les pays de droit écrit que la représentation fonctionna d'une manière générale et régulière; l'application de la législation romaine n'y souleva aucune difficulté.

§ 11. Particularités. Succession au profit du puîné.

Une des particularités les plus remarquables de certaines coutumes, consistait dans le droit de juveignerie ou de maisneté (6). Ce droit consistait à attribuer la totalité de certaines

(1) *Livre des droiz et des commandemens,* n° 778.
(2) Voy. par exemple, un arrêt du 24 janvier 1302, *Olim,* t. II, p. 304.
(3) Desmares, *Décision 238.*
(4) Art. 133 de la coutume de 1510. Cpr. Richebourg, t. III, p. 23.
(5) Coutume de Paris de 1580, art. 319 et 320.
(6) Voy. à cet égard, Grimm, *Deutsche Rechsalterthümer,* p. 475; *Baüerliche Zustände in Deutschland, Bericht veröffentlicht vom Verein für Socialpolitik,* t. II, Leipsig, 1883, p. 33; Elton, *Origins of the*

tenures ou de divers biens ou même de la succession, au fils
puîné par préférence à tous autres. C'était un privilège semblable au droit d'aînesse quant aux biens, mais en sens inverse quant aux personnes ; il reposait d'ailleurs sur des
raisons bien différentes. On a longtemps cru que ce droit de
juveignerie était particulier à quelques contrées de la France
et de l'Angleterre plus spécialement habitées par la rare celtique ; mais c'est là une erreur aujourd'hui reconnue par tous.
Ce qui est certain, c'est que ce privilège du cadet est une des
institutions de l'humanité primitive. On le rencontre, non
seulement en France et en Angleterre, mais encore dans les
Pays-Bas, dans le Hainaut, la Flandre, la Picardie, l'Artois ;
en Allemagne et notamment en Frise, en Saxe ; en Hongrie ;
sur le littoral de la Baltique, jusque dans les montagnes de
l'Oural ; plus loin encore dans l'Asie centrale et même chez
les Maoris de la Nouvelle-Zélande. Ce privilège au profit du
cadet portait des noms très divers : *maisneté* en Artois, Picardie et Hainaut ; *madelstade* en Flandre ; *quevaise* en Bretagne ; *accès* ou *préférence* (*Vorsitzgerichtlichkeit*) en Alsace ; *bo-
roughenglish* en Angleterre, etc. Ce droit est, comme on le voit,
qualifié d'après la personne qui en profite ou d'après les biens
sur lesquels il porte. Il est consacré en Angleterre par le Code
gallois d'Howell le Bon dont la rédaction est antérieure à la
conquête normande. « Si le défunt, dit cette loi, laisse plusieurs fils, au dernier né revient l'habitation ou principal manoir, avec ses dépendances, comme aussi la cognée, le chaudron et le soc de la charrue, car le père ne peut disposer de
ces trois objets au préjudice de son fils puîné ; ils sont ina-
liénables, même s'ils ont été donnés en gage. » Le coutumier
de Kent, rapportant les usages antérieurs à la conquête, consacre aussi le même droit, mais avec moins d'étendue : tous
les biens sont partagés également entre les fils, à l'exclusion

english history, p. 184 et suiv.; baron Ernouf, *Du droit de juveignerie
(borough english) et de son origine probable,* dans la *France judiciaire,* t. VII, 1re part., p. 313 et suiv.; A. du Chatellier, *De quelques
modes de la propriété en Bretagne,* Paris, 1861, p. 22, 23 ; Bonvalot,
Coutumes du val d'Orbey, dans la *Revue historique de droit français
et étranger,* année 1864, t. X, p. 506 ; Glasson, *Histoire du droit et des
institutions de l'Angleterre,* t. II, p. 266, et t. III, p. 642.

des filles; l'aîné choisit le premier, mais il faut laisser la principale habitation au puîné ; toutefois celui-ci ne la prend pas à titre de préciput, mais seulement comme part héréditaire et sauf, s'il y a lieu, récompense au profit de ses frères. Dans le comté de Nottingham et dans quelques autres, il existait, outre les tenures ordinaires, une tenure spéciale appelée bourg anglais (*bourgh engloyes; bourg engloyes*). Tandis que les tenures ordinaires allaient à l'aîné, le bourg anglais était exclusivement attribué au puîné et cette distinction s'est maintenue dans le comté de Nottingham jusqu'au milieu du XVIIIe siècle. On en constate encore actuellement des traces dans un grand nombre de localités d'Angleterre, notamment dans la banlieue de Londres et dans le Sussex, mais avec des variantes, et par exemple dans certaines contrées, le privilège du puîné existe entre filles comme entre fils. Glanville et Bracton font déjà allusion à cette coutume particulière (1).

En France, le droit de maisneté est consacré par de très anciennes coutumes et on en trouve encore la trace au XVIIe siècle (2), bien qu'il ait été assez vivement attaqué de divers côtés (3). Il y avait deux sortes de droit de maisneté, l'un mobilier, l'autre immobilier. Le premier portait sur trois pièces de meubles ayant servi à l'usage des père et mère et que le cadet prenait à titre de préciput. Le second concernait certaines tenures et notamment en Bretagne celle qu'on appelait quevaise (4). D'après l'usement de Cornouailles (5) (art. 32),

---

(1) Glanville, lib. VII, cap. 3, § 3 : « *Si vero fuerit liber Sokemannus, tunc quidem dividetur hereditas inter omnes filios quotquot sunt, per partes equales, si fuerit socagium et antiquitus divisum, salvo tamen capitali mesuagio primogenito filio pro dignitate æsinecie sue, ita tamen, quod in aliis rebus satisfaciet aliis ad valentiam. Si vero non fuerit antiquitus divisum, tum primogenitus secundum quorundam consuetudinem totam hereditatem obtinebit, secundum autem quorundam consuetudinem postnatus filius heres est.* »

(2) Voy. à cet égard, Laurière, *Glossaire*, vᵢₛ *Maisnez* et *Quevaise*.

(3) Voy. par exemple, Furic, *L'usement du domaine congéable de l'évesché et comté de Cornouailles,* Paris, 1644. — Baron Ernouf, *Du droit de juveignerie op. et loc. cit.* (p. 5 du tirage à part).

(4) Quevaise vient de *quevagium, cavagium,* termes synonymes de *capitagium.*

(5) Il s'agit de la Cornouailles située en Basse-Bretagne qui avait autrefois Quimper pour capitale, et nullement du comté d'Angleterre connu sous le même nom.

la quevaise formait une tenure qui obligeait le détenteur à la résidence actuelle sous peine de commise au bout d'un an et un jour. Cette tenure ne pouvait être divisée par aliénation, hypothèque ou autrement, sans le consentement du seigneur; à la mort du tenancier, elle passait au plus jeune des fils et, à défaut de mâle, à la dernière des filles, sans que, dans aucun cas les autres enfants pussent prétendre à une récompense quelconque (1).

L'ancienne coutume de Valenciennes présentait plus d'une analogie au point de vue des successions, avec le code gallois de Howell et consacrait notamment le droit du juveigneur (2). L'ancien coutumier de Picardie ne dit rien du droit de maisneté, mais on le rencontre cependant dans un assez grand nombre de coutumes locales qui dépendaient du bailliage d'Amiens et du pays de Vimeu, notamment dans les coutumes de Bettembos, Croy, Lignières, Besancourt, Broutelles, Hornoy; dans toutes ces coutumes, le puîné prenait le manoir du père en succession roturière (3).

En Alsace, le privilège du cadet existait seulement dans certaines localités et avec des caractères différents, suivant qu'il s'agissait des nobles ou des paysans. Pour les uns, la juveignerie était purement facultative; pour les autres, elle était obligatoire. Mais tandis qu'en Picardie, en Irlande et ailleurs, le privilège du juveigneur portait à la fois sur des meubles et sur des immeubles, en Alsace il concernait seulement la maison paternelle ou maternelle avec ses accessoires, cours, passages, écuries, jardins et même avec les biens emphytéotiques qui s'y rattachaient (4).

On a beaucoup discuté sur la cause de ce droit de préférence au profit du cadet; mais parmi les opinions proposées, il en est qui n'ont plus cours aujourd'hui. N'a-t-on pas soutenu que la préférence du cadet avait sa cause dans l'affection plus vive

(1) Voy. à cet égard, Laurière, *Glossaire, v° Quevaise.*

(2) Voy. à cet égard, Laferrière, *Histoire du droit français,* t. VI, p. 15 et 16.

(3) Cpr. Bouthors, *Coutumes locales du bailliage d'Amiens,* t. I, p. 167, 177, 182.

(4) M. Bonvalot a donné l'énumération des localités de l'Alsace où existait cette préférence au profit de l'aîné. Cpr. *Revue historique de droit français et étranger,* année 1864, t. X, p. 507.

des parents pour leur dernier enfant? D'autres ont pensé que cette institution de la maisneté prenait sa racine dans le droit du seigneur. On préférait le cadet parce qu'il avait plus sûrement que l'aîné le mari pour père. Mais en admettant que ce prétendu droit du seigneur n'ait pas été un simple abus, il est certain qu'il date seulement de la féodalité ou tout au plus du régime qui l'a préparé. Or la juveignerie remonte à une époque beaucoup plus ancienne. En outre, si l'on s'était préoccupé dans cette question du droit du seigneur, on aurait dû être conduit à préférer le second fils à l'aîné, mais non pas le plus jeune à tous ceux qui l'ont précédé. D'autres auteurs ont affirmé que le droit du juveigneur avait été établi pour faire contrepoids au droit d'aînesse et on sait que ce droit d'aînesse a, lui aussi, existé dès la plus haute antiquité, puis il a disparu ; mais lorsqu'il est revenu avec le régime féodal, alors le droit du juveigneur qui n'avait jamais cessé d'exister, s'est trouvé encore une fois consolidé. D'autres disent tout simplement que certaines coutumes ont attribué toute la succession au puîné parce qu'à la mort des parents les autres enfants sont déjà établis depuis un temps plus ou moins loin. Suivant une doctrine toute récente, le droit du juveigneur remonterait au vieux culte de la famille, au culte du foyer : les aînés ayant quitté la maison paternelle, le puîné était naturellement chargé de continuer ce culte et c'est à ce titre que les coutumes d'Howell le Bon lui attribuent encore la cognée, le chaudron et le soc de la charrue. C'est une conjecture ingénieuse, mais qui ne paraît pas plus solide que les précédentes, et on peut expliquer ces trois objets sans leur attribuer aucun caractère religieux : ils peuvent être tout simplement le symbole de la maison d'habitation et des tenures qui en dépendent.

Ce qui est certain, c'est que si le droit du juveigneur, qui remonte à une très haute antiquité, n'est pas propre sans doute à la race celtique, du moins celle-ci lui a voué un attachement spécial. Aussi s'est-il maintenu dans les contrées où les descendants de cette souche étaient fortement établis. Il serait difficile de dire pour quel motif ces peuples primitifs avaient adopté ce régime de succession. Peut-être tenait-il à leur état pastoral et à leur vie nomade. Dans cet état social, les fils quittent naturellement la famille avec une certaine quantité de bétail, dès qu'ils sont en état de se suffire à eux-mêmes et alors par la force même des choses, c'est le puîné qui, à la mort des parents, recueille la tente, les troupeaux, les ustensiles et les autres meubles. Une fois l'homme fixé à la terre, il a cependant parfois gardé le privilège du cadet par des raisons très diverses. Dans la famille celtique, aussitôt que l'enfant avait atteint l'âge de quatorze ans, il passait de la puissance du père dans celle du seigneur du sol (*arghwoyd*); il formait une nouvelle famille à laquelle le seigneur confiait une tenure ou exploitation agricole; dans d'autres cas il était attaché à la personne de l'*arghwoyd* et le suivait à la guerre. On comprend qu'avec ce régime, le plus jeune, qui fort souvent n'était pas encore établi, ait été seul appelé à la succession. Dans notre Bretagne armoricaine, le droit de maisneté s'est conservé sans aucun doute pour assurer l'indivisibilité de certaines tenures, et il avait à ce point de vue le même objet que le droit d'aînesse pour les fiefs. Mais on aura remarqué que ce droit de maisneté était propre aux petites gens et notamment aux successions roturières; c'est encore là une preuve de son antiquité. Lorsque des vainqueurs s'étaient établis dans le pays, comme en Angleterre, ou que des institutions sociales nouvelles s'étaient formées pour l'aristocratie comme en France, on n'en avait pas moins laissé aux gens de condition inférieure leurs très anciennes coutumes et il en est peu auxquelles les hommes tiennent plus que celles relatives à la transmission de la famille et du patrimoine après la mort.

§ 12. Droit de retour de l'ascendant donateur.

D'après le droit romain, lorsqu'un père avait doté sa fille et que le mariage prenait fin par le prédécès de la femme, le mari devait rendre la dot au père survivant (1). Ce droit de retour de la dot profectice s'est-il conservé dans nos pays de droit écrit? Il est assez difficile de répondre à cette question. Le bréviaire d'Alaric et le Papien ne font aucune allusion à ce droit de retour. Le *Petri exceptiones*, rédigé pour le comté de Valence, laisse formellement la dot au mari survivant, à moins

(1) L. 6, *De jure dotium*, XXIII, 3.

de convention contraire et sans distinguer entre la dot adventice et la dot profectice; mais, s'il y a des enfants, le mari
n'en obtient que l'usufruit, et en outre la propriété d'une part
d'enfant, à la condition de ne pas se remarier. Le *Brachylogus* (1), ne parle pas de la restitution de la dot. Quant aux
chartes des pays du Midi, relatives à certaines villes, elles reconnaissent aussi au mari survivant un certain droit sur la
dot, sans parler du droit de retour que consacrait le droit romain de l'époque classique. Ainsi une ordonnance donnée par
le roi Jean en 1350, pour les habitants de Villeneuve près Avignon, décide qu'à défaut de pacte, le mari, à la dissolution du
mariage, peut garder la dot pour en jouir sa vie durant et à
charge de la restituer ensuite aux parents de la femme qui
l'ont constituée ou à ses héritiers. De même, d'après l'ancienne coutume de Toulouse, le mari survivant garde la dot,
sauf convention contraire. Si la femme survit, elle la recouvre,
à moins qu'elle n'ait été condamnée pour adultère. Ces dispositions avaient été empruntées à la loi romaine des Visigoths
qui, nous l'avons vu, ne connaissait pas le droit de retour (2).

Il est certain qu'après la renaissance du droit romain, les
pays de droit écrit acceptèrent le retour légal au profit de l'ascendant donateur. Il s'éleva même une controverse entre Bulgare et Martin sur le point de savoir si l'existence d'enfants du
donataire mettait obstacle à ce droit. Enfin au xvie siècle, le
droit de retour fut singulièrement élargi par la jurisprudence
des parlements de droit écrit.

Nous avons vu sous la période précédente que plusieurs
lois barbares accordaient en certains cas au donateur ou à ses
héritiers le droit de reprendre les biens donnés en dot à la
femme dont la mort avait amené la dissolution du mariage (3).
Qu'est devenu ce droit, pendant le moyen âge? Nos anciens
jurisconsultes admettaient qu'il s'était maintenu dans les pays
de coutume et telle est encore aujourd'hui la doctrine adoptée par un grand nombre d'auteurs. Il est certain qu'il est

---

(1) Voy. lib. II, tit. 13, *De donationibus*, éd. Böcking, p. 49.

(2) Cpr. *Ancienne coutume de Toulouse*, art. 88, 113, 114, 116, et loi
romaine des Visigoths, liv. III, tit. 3, § 13.

(3) Loi des Saxons, tit. VII; loi des Bavarois, XV, 8; loi des Burgondes,
LXII, 2; loi des Visigoths, V, 2, 4; IV, 5, 3.

parlé du droit de retour de l'ascendant donateur dans un arrêt du parlement rendu à la Pentecôte de 1268 sous le règne de saint Louis (1). Mais cet arrêt concerne peut-être des plaideurs qui appartenaient aux pays de droit écrit ressortissant au parlement; ce qui permet de le supposer, c'est qu'il est dit d'ailleurs dans un autre arrêt, mais relatif aux mêmes plaideurs, que le procès a été engagé au temps où Ernoul de Féraud était sénéchal et on sait que ce terme était précisément employé pour désigner les officiers des pays du Midi qui correspondaient aux baillis (2).

Cependant cette solution ne nous paraît pas exacte : l'arrêt invoqué en parlant du droit de retour ne le fonde pas en effet sur le droit écrit, mais sur le droit coutumier. En vain dirait-on qu'il a parlé des usages et coutumes de France parce qu'il a été rendu pour des parties établies sur le territoire des Albigeois où la coutume de Paris avait été introduite au temps de Simon de Montfort. Rien dans le texte n'autorise une pareille conjecture et même en admettant qu'elle fût fondée, il n'en resterait pas moins la preuve de l'existence d'un droit de retour dans la coutume de Paris (3), si l'on admet que cet arrêt du parlement concerne un droit de ce genre. Mais nous ne le pensons pas. A notre avis, l'arrêt du parlement a en vue la même situation et pose la même règle que Beaumanoir dans ses coutumes de Beauvoisis au chapitre des *eritages* (4). Dans ce texte comme dans l'arrêt du parlement, il s'agit tout

(1) Guénois rapporte cet arrêt dans les termes suivants : « Quand les enfants décèdent sans hoirs procréés du mariage, le don retourne au donneur et non aux prochains héritiers des donataires. » Cpr. *Conférence des coutumes de France,* p. 711. Cpr. Beugnot, *Olim,* t. I, p. 715, n° 6, et p. 272, n° 7.

(2) Voy. Beugnot, *Olim,* t. I, p. 272, n° 7. En ce sens, Marquis, *Du droit de retour de l'ascendant donateur,* p. 342 et suiv. (Thèse de doctorat soutenue devant la Faculté de Paris en 1885).

(3) Beugnot, *Olim,* t. I, p. 715, n° 6 : « *Determinatum fuit quod, per usus et consuetudines Franciæ, donum factum ab ipsa matre liberis suis, cum ipsa vivente, absque liberis decesserint, ad matrem reverti debeat, tanquam ad stipitem, cum etiam dicta Petronilla vivente matre sua a qua causam habebat, reclamare non possit, non obstantibus a dicto Egidio propositis, in sua petitione audiri debeant dicta Petronilla et ejus maritus.* »

(4) Beaumanoir, chap. XIV, nos 22 et 23, t. I, p. 236.

simplement de savoir si les ascendants sont exclus de la succession aux propres. Beaumanoir nous apprend qu'on avait élevé des doutes à cet égard et il décide que les ascendants héritent des biens qui viennent de leur souche, sans distinguer si les biens laissés par leurs descendants s'y trouvent en vertu d'une donation ou par toute autre cause (1). Le même système est consacré encore par d'autres coutumiers (2). En réalité, tous ces textes, même l'arrêt du parlement de Paris, sont étrangers au droit de retour de l'ascendant donateur et il faut en conclure que ce droit n'existait pas au moyen âge ni dans les pays de coutume, ni même dans ceux de droit écrit. C'est seulement aux xve et xvie siècles qu'on le voit apparaître partout et même s'élargir singulièrement. Ce qui prouve bien qu'il n'était pas connu auparavant, c'est qu'il n'en est question dans aucun des coutumiers de cette époque, lesquels contiennent même parfois des textes plus ou moins contraires. Ainsi on chercherait en vain la mention du droit de retour dans les *Assises de Jérusalem* qui s'occupent cependant de la donation de fief faite à l'héritier présomptif en ligne directe (3). Les *Établissements de saint Louis* gardent le même silence. Il faut en dire autant du *Grand coutumier de France*, de la *Somme rural* de Bouteiller (4).

Toutefois, dès le xiie siècle, certaines chartes locales dérogeant au droit commun des coutumes, consacrent un véritable droit de retour. Mais ce n'est certainement pas celui du droit

---

(1) Ce qui prouve bien que tel est aussi le point de vue de l'arrêt du Parlement de Paris, c'est qu'il porte : *Ad matrem reverti debeat tanquam ad stirpem.*

(2) Voy. par exemple, *Grand coutumier de Normandie*, chap. 36, éd. de Gruchy, p. 111. Cpr. *Conseil* de Pierre De Fontaines, chap. XV, n° 14, p. 114 : « Quand li prendoms de qui tu te conseilles maria sa fille, et li dóna une pièce de terre en mariage, ce n'est pas contre coustume, si la terre revint au père après la mort de sa fille qui mourut sans oirs de son corps. » Mais on sait que De Fontaines a souvent copié le droit romain et il est possible que le texte précité soit un de ceux qu'il a pris aux jurisconsultes classiques.

(3) *Assises de Jérusalem*, liv. de Jean d'Ibelin, chap. 146 et 175; *Assises de la cour des bourgeois*, chap. 54, 56, 58.

(4) On lit même dans le *Livre des droiz et des commandemens*, n° 857 : « Il est de droit écrit que le père et la mère succèdent au bien du fils après sa mort, mais la coutume est contraire. » L'article 101 de l'ancienne coutume de Melun, rédigée en 1506, continue aussi à exclure le droit de retour.

romain. Il suffit pour le prouver de relever que ce droit de
retour était accordé, non pas seulement à l'ascendant donateur,
mais aussi à tout parent quelconque, même en ligne collatérale, qui avait fait une donation à une fille en faveur de son mariage; il se transmettait même aux héritiers du donateur. Le
seul point commun avec le droit romain consistait en ce que
ce droit de retour supposait la mort de la femme sans enfant (1).
Mais la coutume de Reims de 1520 (art. 6) parle d'un véritable droit de retour limité à l'ascendant donateur sur les biens
qu'il a donnés à son enfant à l'occasion du mariage. C'est
peut-être là un souvenir du droit romain, car on sait qu'à
Reims l'influence du droit romain et du droit canonique était
prépondérante; seulement comme on dotait à cette époque les
fils aussi bien que les filles, l'ancienne coutume de Reims
consacre le droit de retour aussi bien vis-à-vis du fils que de
la fille lorsque l'un ou l'autre meurt sans descendants. La
même disposition se retrouve dans l'ancienne coutume de
Champagne et de Brie et le droit de retour est admis même
s'il s'agit de fiefs. Peut-être cette disposition y a-t-elle été
introduite sous l'influence de la coutume de Reims (2).

§ 13. Pays de droit écrit.

Dans les pays de droit écrit, le régime de succession était
très différent de celui des coutumes et s'inspirait presqu'exclusivement du droit romain. Les fiefs étaient sans doute soumis à un système particulier que nous avons déjà étudié et sur

(1) En ce sens, charte de Laon de 1128, chap. 13, dans le *Recueil du
Louvre*, t. XI, p. 185. — Cette disposition a passé, en 1184, dans l'art. 13
de la coutume de Bruyères, dans l'art. 13 de la coutume de Crespy, dans
l'art. 23 de la charte de Montdidier. Enfin Philippe-Auguste accorda à huit
pays du Laonnais (Cerny, Chamouilles, Beaune, Chevy, Cortone, Verneuil,
Bourg, Comin) les privilèges de la charte de Laon. Voir sur ces chartes
le *Recueil du Louvre*, t. XI, p. 231; cpr. p. 234 et 245.

(2) *Li droit et li coustume de Champaigne,* chap. 10 : « *Il est constant
en Champaigne, que si aucun chevalier marie son fils ou sa fille, et
lui donne un héritage, et il advient qu'il se meure sans hoirs de son
corps, li héritage revient au père, il ne doit point de relief ni de rachat
au seigneur de qui li héritage muet de fie.* »

lequel le droit romain avait même exercé son action, mais à un moindre degré que sur les autres biens.

Ceux-ci, en effet, se transmettaient suivant les principes du droit romain. Après la renaissance de ce droit, on accepta le système des Novelles 118 et 127 de Justinien, mais cependant certaines contrées restèrent fidèles à l'ancien droit romain, notamment la ville de Toulouse.

Dans ces pays de droit écrit, les biens se partageaient donc en ligne directe également entre tous les enfants sans distinction de sexe ni de primogéniture et conformément au système de la Novelle 118. On appliquait volontiers ce système même aux terres nobles et aux fiefs (1). Mais toutefois, sous l'action de la féodalité et des mœurs du temps, on s'efforçait assez souvent de s'écarter du système du partage égal par des procédés très divers, de sorte qu'en fait ce partage était exceptionnel.

A défaut de descendants, les ascendants succédaient en concours avec les frères et sœurs et neveux germains du défunt à l'exclusion de tous autres collatéraux. C'était encore le système de la Novelle 118 et son application excluait la règle *propres ne remontent*. De même aucune distinction n'était établie entre les parents du côté paternel et ceux du côté maternel. Mais le droit de Justinien avait consacré, au profit des frères et sœurs germains, le privilège dit du double lien, ce qui leur permettait d'exclure, malgré l'égalité de degré, les frères et sœurs consanguins ou utérins. Ce privilège avait été également accepté dans les pays de coutume.

Le troisième ordre d'héritiers embrassait les frères et sœurs, neveux et nièces consanguins ou utérins, mais non leurs descendants plus éloignés.

Enfin, une dernière classe était composée de tous les collatéraux autres que frères et sœurs, neveux et nièces; ils venaient les uns à défaut des autres, d'après la proximité de parenté.

Mais l'ancienne coutume de Toulouse ne s'était pas laissée séduire par le système de Justinien et elle en était en général

____

(1) Voy. par exemple, *Ancienne coutume de Bordeaux*, art. 234, dans Lamothe, *Coutumes du ressort du parlement de Guyenne*, t. I, p. 143.

restée à celui que consacrait le droit romain antérieur passé dans la loi romaine des Visigoths. Ainsi, à défaut de descendants, on appelait le père et à son défaut les plus proches parents paternels par préférence à la mère et aux parents maternels. Cet ancien système du droit romain donnait la préférence à l'agnation sur la cognation, tandis qu'à Montpellier et à Carcassonne on suivait la maxime *paterna paternis, materna maternis*. De même, la coutume de Toulouse n'admettait pas le privilège du double lien par cela même qu'elle préférait la parenté paternelle à la parenté maternelle (1). En outre, l'ancienne coutume de Toulouse contenait une particularité remarquable pour le cas où un des enfants du père décédé avait acquis des biens depuis la mort de ce père et avant le partage de la succession : on présumait que ces biens avaient été acquis avec les deniers du père, sauf preuve contraire et si cette preuve n'était pas faite, ils tombaient dans la succession (2).

L'ancienne coutume de Toulouse ne s'explique pas pour le cas où il n'existerait aucun parent paternel. Mais il semble bien qu'à défaut d'agnats on aurait fait venir, conformément à l'ancien droit romain, les cognats, c'est-à-dire les parents du côté maternel.

Nous venons de voir que, dans les pays de droit écrit, par l'effet du maintien et de l'observation du droit romain, sauf exception dans certaines contrées pour les fiefs, l'égalité la plus parfaite devait régner entre les héritiers; il n'y avait ni droit d'aînesse, ni privilège de masculinité. Mais sous l'influence des mœurs féodales, ce régime des successions *ab intestat* ne convenait pour ainsi dire plus. Aussi s'attachait-on, au moyen des donations et des testaments, à y déroger pour adopter un système de dévolution des biens assez semblable à celui des pays de coutume. Dans un grand nombre de villes du Midi, la coutume locale décidait que les filles dotées étaient par cela même exclues de la succession. Ainsi la charte con-

---

(1) Voy. sur ces différents points : Ancienne coutume de Toulouse, art. 124; ancienne coutume de Montpellier, art. 58. Cpr. *Lex romana visigothorum,* éd. Hænel, p. 332 et 404 où l'on trouvera un texte de Gaius (II, 8) et un autre de Paul (IV, 8).

(2) Ancienne coutume de Toulouse, art. 91.

sulaire d'Arles, rendue en 1142, défend aux consuls d'admettre à l'hérédité paternelle ou maternelle, les filles qui ont été dotées par leur père ou leur mère ou leurs frères (1). La charte de Salon, ville voisine, contient la même clause (2). De même l'ancienne coutume de Montpellier, tout en admettant, suivant le droit romain, le partage égal des biens entre les fils et les filles, ajoute que si un père, en mariant sa fille , lui a fait une libéralité quelconque, elle ne pourra plus rien réclamer plus tard dans la succession, à moins que son père n'ait formellement manifesté une intention contraire (3). La coutume de Montpellier était en outre très favorable aux substitutions pour lesquelles on n'admettait pas l'application de la légitime romaine (4); elle consacrait aussi en ligne collatérale la maxime coutumière *paterna paternis* (5). L'ancienne coutume de Narbonne reproduisait pour les filles dotées le système de la coutume d'Arles. On sait que la coutume de Montpellier et celle de Carcassonne étaient surtout le droit des villes, tandis que celui de Narbonne représentait celui des nobles. On voit qu'ainsi l'exclusion des filles dotées formait le droit .commun de la Provence et que même parfois d'autres règles coutumières, favorables à la conservation des biens dans les familles, y avaient également pénétré. Nous avons rencontré cette exclusion des filles dotées dans certains pays coutumiers, notamment en Normandie et en Bretagne en nous occupant du mariage avenant. De même, dans l'ancienne coutume de Toulouse, les filles dotées, quelle que fût l'exiguïté de la dot, ne pouvaient prétendre à rien dans la succession de leurs parents (6). On remarquera que, dans tous ces pays du Midi, l'exclusion des filles dotées était absolue, sans qu'il y ait lieu de distinguer entre les biens roturiers et les biens nobles. L'esprit de

---

(1) *Carta consulatus arelatensis,* § 5, dans Giraud, *op. cit.,* t. II, p. 2.

(2) Giraud, *ibid.,* t. II, p. 248.

(3) *Consuetudines Montispessulani,* art. 68. Quand la fille dotée prédécédait sans enfants ni testament, ses biens retournaient au père et, à son défaut, aux frères.

(4) *Consuetudines Montispessulani,* art. 56.

(5) *Consuetudines Montispessulani,* art. 58.

(6) Ancienne coutume de Toulouse, III, 1, 5. Voy. aussi la coutume d'Alais, art. 12, dans les *Olim,* III, p. 1459. Cpr. Statuts de Provence et de Forcalquier, dans Richebourg, t. II, p. 1214.

conservation s'était introduit avec la même énergie dans les familles roturières que dans celles des nobles.

§ 14. Pétition d'hérédité.

Lorsque deux personnes sont en désaccord au sujet d'une hérédité, l'une se disant héritière de l'autre, en totalité ou pour partie, il y a lieu alors, de la part de celui qui n'est pas en possession de l'hérédité, d'agir contre son adversaire qui la possède. Le *Grand coutumier de Normandie* rappelle que la saisine de l'hérédité appartient au plus prochain hoir. Dès lors, une fois en justice, ou bien le possesseur de la succession reconnaît cette qualité à son adversaire, ou bien il la lui dénie; dans le premier cas, il doit lui remettre la saisine de l'hérédité; dans le second cas, on s'engage dans la procédure *per inquisitionem*, à l'effet de rechercher si le demandeur est vraiment le plus proche parent du défunt. Assez souvent il arrivera que le défendeur soulève une difficulté de la compétence du juge d'Église; ainsi il soutiendra que le demandeur n'est pas enfant légitime mais bâtard et qu'en conséquence il ne saurait prétendre à l'hérédité. Cette question de légitimité revient à se demander si le défunt était uni en justes noces avec la mère du demandeur ou bien encore si le mariage était valable. Ces difficultés seront renvoyées à la juridiction d'Église, c'est-à-dire à l'official de l'évêque qui devra les trancher dans l'an et jour et ensuite on reprendra le procès civil en acceptant comme chose jugée ce que la juridiction d'Église aura décidé sur la légitimité (1).

Le *Livre de jostice et de plet* parle aussi de la pétition d'hérédité; mais il s'inspire presqu'exclusivement du droit romain (2). Pierre de Fontaines fait encore plus dans son *Conseil* : il se borne à copier le droit romain (3). *Les Anciennes coutumes d'Anjou et du Maine* ne disent à peu près rien de la pétition d'hérédité (4). Mais le *Livre des droiz et des comman-*

(1) *Grand coutumier de Normandie*, chap. 27, éd. de Gruchy, p. 87.

(2) *Livre de jostice et de plet*, p. 127, 228, 254. Toutefois il nous apprend que le gage de bataille n'est pas admis en succession. Voy. p. 126.

(3) Pierre de Fontaines, *Conseil*, p. 435.

(4) *Anciennes coutumes d'Anjou et du Maine*, F, n° 394 à 397, t. II, p. 156.

demens est plus explicite. Il veut aussi que le demandeur établisse sa qualité de fils légitime en prouvant le mariage de ses
parents. S'agit-il d'une parenté plus éloignée, la partie qui
porte le même nom propre que le défunt, est présumée appartenir au même lignage et branchage, sauf à son adversaire à
administrer la preuve contraire; si elle n'a que le même surnom, c'est une simple présomption de fait qu'elle appartient
au même lignage, mais la preuve n'en reste pas moins à sa
charge. Dans tous les cas, celui qui réclame une succession
peut demander une provision, à la condition de s'engager à la
restituer s'il succombe dans sa prétention (1).

§ 15. Devoirs entre héritiers. Rapport.

Sous la période suivante, les coutumes officielles se sont
attachées à assurer une égalité aussi rigoureuse que possible
entre les différents cohéritiers, surtout entre les enfants. L'inégalité existait sans doute dans les familles de la noblesse et de
la haute bourgeoisie, par l'effet même du droit d'aînesse, des
renonciations à succession, puis ensuite et aussi des institutions contractuelles et des substitutions. Mais l'esprit des coutumes était tout différent pour les roturiers et elles tenaient à
assurer entre les héritiers une égalité beaucoup plus absolue
que celle de notre Code civil. Ainsi aujourd'hui les donations et
les legs faits aux successibles sont valables et sujets à rapport;
mais rien ne s'oppose à ce que le testateur ou le donateur
les dispense de cette obligation au moyen d'une clause de préciput qui reçoit son entier effet à la seule condition de ne pas
entamer la réserve. En outre, le rapport est dû aujourd'hui
par tous les successibles.

Bien différent était le système consacré par nos anciennes
coutumes. Et d'abord on ne pouvait pas être comme aujourd'hui, héritier et légataire. Celui qui voulait garder son legs
devait renoncer à la succession; s'il l'acceptait, son legs était
nul (2). On en donnait pour raison que si une personne avait

____

(1) *Livre des droiz et des commandemens,* nᵒˢ 597, 655, 764, 775.

(2) Toutefois, il ne faut pas perdre de vue qu'une personne laissait autant
de successions différentes qu'elle avait de sortes de biens, meubles et acquêts,

pu prendre à la fois son legs et sa part dans la succession, il en serait résulté à son profit une inégalité choquante qui aurait pu devenir une cause de haine dans la famille. Tout héritier, même l'enfant, devait donc renoncer à son legs pour pouvoir venir à la succession (1).

Mais ces dangers de haine étaient beaucoup moins à craindre s'il s'agissait de donatious. Par cela même qu'elles dépouillaient le donateur, elles étaient moins fréquentes. Aussi pouvait-on être à la fois héritier et donataire. En outre les donations n'étaient pas sujettes à rapport si elles avaient été faites à des ascendants ou à des collatéraux, tandis qu'aujourd'hui, tout parent quelconque appelé à la succession en qualité d'héritier, est tenu au rapport de ce que le défunt lui a donné ou légué, à moins qu'il n'existe une clause de préciput à son profit. Dans notre ancien droit coutumier au contraire, le rapport des donations n'était dû que par les descendants. On considérait les donations qui leur avaient été faites, comme de véritables avancements d'hoirie et la preuve contraire n'était même pas admise. En d'autres termes, pour assurer une égalité aussi parfaite que possible entre les descendants, les coutumes interdisaient de leur faire des donations par préciput et hors part.

Tels sont les principes fondamentaux qui se dégagent de l'ensemble de nos coutumes. Il n'est pas sans intérêt de rechercher maintenant comment on y est arrivé (2).

Les pays de droit écrit ne nous arrêteront pas. Il nous suffira de constater que le rapport y était pratiqué tel qu'il avait été organisé par le droit romain, en dernier lieu par le droit de Justinien.

Quant aux pays de coutume, nous avons déjà vu que dans le très ancien droit français, les enfants mariés et établis par

propres, fiefs, tenures roturières, etc. Il en résultait qu'on pouvait, tout en étant héritier dans une de ces successions, renoncer à une autre pour y prendre plus de biens en qualité de légataire.

(1) *Grand coutumier de France*, liv. II, chap. 40, p. 365, 369, 372. — Bouteiller, *Somme rural*, liv. I, tit. 103, éd. de 1621, p. 1037.

(2) On pourra consulter sur le rapport de Caqueray, *Recherches historiques sur la théorie du rapport*, dans la *Revue historique de droit français et étranger*, année 1860; Esmein, *Des rapports à succession* (Thèse de doctorat, 1872).

leurs père et mère, étaient mis hors de la communauté de famille, et n'avaient par cela même aucun droit de succession. Sans admettre, comme les législations primitives, qu'ils étaient complètement sortis de la famille, on les considérait cependant comme émancipés et la dot qui leur avait été donnée leur tenait lieu de part dans la succession paternelle ou maternelle ; ils avaient renoncé à cette succession, par cela seul qu'ils avaient accepté leur pécule. Mais il était permis, tout en les établissant et en les dotant, de stipuler qu'ils conserveraient leur droit à succession. Dans ce cas ils venaient à l'hérédité , à la condition toutefois de rapporter les libéralités qu'ils avaient reçues du défunt. Si à la mort du père ou de la mère tous les enfants avaient été établis, tous alors seraient aussi venus à la succession malgré cette circonstance et sans être tenus au rapport (1). Dans ce système primitif, on l'aura remarqué, l'égalité n'était pas la règle et on laissait tout au contraire une grande latitude au père. Il pouvait en établissant un de ses enfants lui donner beaucoup plus ou beaucoup moins qu'il n'aurait reçu dans la succession. C'est qu'en effet, certaines coutumes, contrairement peut-être à l'esprit du droit germanique, ont entendu laisser une assez large liberté au père de famille. Le *Livre de jostice et de plet* consacre cette liberté (2). Les *Assises de Jérusalem* affirment que les père et mère peuvent donner plus ou moins à tel enfant ou même toute leur fortune à des étrangers sans que les descendants aient droit de se plaindre et, chose remarquable, elles permettent d'avantager un ou plusieurs enfants aussi bien par testament que par acte entre-vifs (3).

Cette tendance a laissé des traces dans certaines coutumes.

---

(1) *Livre de jostice et de plet,* liv. XII, tit. 22, § 5 et tit. 24, § 1. — Desmares, *Décision 236.*

(2) *Livre de jostice et de plet,* liv. XII, tit. 21, § 5.

(3) *Cour des bourgeois,* chap. 170 : « Sachés que s'ils avient que uns hom ou une feme vient à mort, et fait sa devise, et laisse ou donne don sien propre, ou soit héritage ou choze meuble à ses enfants, et donne à l'un plus que au l'autre, bien se peut faire, et tout doit estre ferme et estable, par droit et par l'assize come le père et la mère l'avera commandé ou ordené, et au tel raizon est se il le veullent donner à aucun de lors parents, que bien le peut donner ausy comme il vodront ou à l'un plus ou à l'autre mains, ou tout communaument. »

Bouteiller nous apprend, dans sa *Somme rural*, que le père peut donner à l'un des enfants plus qu'à l'autre (1). On a aussi prétendu que la possibilité d'exclure les filles de la succession en les dotant, se rattachait à cette vieille coutume. Sans nier qu'elle ait pu exercer une certaine influence, nous croyons cependant qu'il faut donner une autre explication. C'est qu'en effet cette exclusion des filles dotées était surtout, à l'origine, propre aux familles nobles et elle était alors une conséquence de la règle qui accordait la préférence aux mâles sur les filles. En retour de cette préférence et à titre d'indemnité, on leur accordait droit, comme nous l'avons vu, à un mariage avenant. Mais dans la coutume d'Amiens, l'usage se maintint jusque dans les derniers temps, de dispenser tous les enfants du rapport lorsqu'ils venaient à la succession après avoir été tous aussi établis par leurs parents (2). Toutefois, de très bonne heure, dans la plupart des coutumes, l'esprit d'égalité l'emporta.

Le système des anciennes communautés ayant à peu près disparu, on ne comprit plus la dot ou la libéralité faite à l'enfant à l'occasion de son établissement qu'à titre d'avancement d'hoirie : on n'excluait plus de la succession par cette donation, mais on donnait à l'enfant seulement une part de ce qui lui revenait dans l'héritage. Désormais tous les enfants établis ou non vinrent donc à la succession, mais ceux qui avaient reçu des libéralités entre-vifs étaient tenus de les rapporter (3). On s'était révolté contre le système qui donnait aux parents le droit d'avantager certains enfants. Pierre de Fontaines déclare qu'il est cruel et contre l'humanité de permettre à un père de donner tous ses biens à un de ses enfants ou à un étranger et, pour maintenir l'égalité entre tous, il déclare le rapport obligatoire. La même doctrine paraît se retrouver dans les *Établissements de saint Louis* (4). Cependant on y rencontre deux textes qui semblent en contradiction, l'un exigeant le rapport,

(1) *Somme rural*, liv. I, tit. 103, *Des testaments*, p. 597.

(2) Voy. Lebrun, *Des successions*, liv. III, chap. 6, sect. 1.

(3) D'ailleurs, le rapport n'était dû que par les descendants. Les textes ne parlent jamais de cette obligation pour les autres héritiers. Voy. par exemple *Livre des droiz et des commandemens*, n° 83, I, p. 354.

(4) Pierre de Fontaines, *Conseil*, chap. XXXIV, n° 10, p. 420. — *Établissements de saint Louis*, liv. I, chap. 136, éd. Viollet, t. II, p. 256.

l'autre permettant d'en dispenser, preuve manifeste de l'incertitude qui a régné quelque temps sur ce point dans les anciennes coutumes (1). Ces coutumiers sont assez précis pour permettre d'affirmer qu'à cette époque il n'aurait pas été permis à un enfant de renoncer à la succession pour s'en tenir à sa libéralité : celle-ci était nécessairement faite à titre d'avancement d'hoirie et par cela même que l'enfant l'avait reçue, il avait aussi à l'avance accepté la succession. Beaumanoir est toutefois d'un avis différent : il permet à un enfant de garder ce qu'il a reçu et de renoncer à la succession. Mais le grand jurisconsulte ne veut pas que le don soit outrageux, c'est-à-dire dépasse d'une manière considérable la part qui serait revenue à l'enfant dans la succession. Si le don est exagéré, il sera non pas annulé, mais réduit, d'après l'estimation d'un juge loyal. D'ailleurs Beaumanoir n'admet pas que l'enfant puisse venir à succession avec dispense de rapport. Pour tourner cette prohibition, le père (ou la mère) aurait pu songer à gratifier non pas directement son fils, mais le fils de son fils. Toutefois, Beaumanoir prévoit le danger et décide que les dons faits à l'enfant d'un enfant héritier ne doivent pas être soufferts. Il est donc probable qu'il les considère comme nuls (2).

Le *Grand coutumier de Normandie* et la *Très ancienne coutume de Bretagne* consacrent aussi le principe du rapport obligatoire pour les enfants de tout ce qu'ils ont reçu entre-vifs (3). Le premier affirme avec une grande fermeté la nécessité de l'égalité absolue entre tous les enfants. « *Præterea sciendum est quod, cum pater plures habeat filios, unum altero de hereditate sua non potest facere meliorem; sed post ejus decessum omnia donâ hereditatis, quæ eorum alicui fecerit, ad portiones faciendas inter eos debent revocari. Nullus enim aliquem eorum qui æquales hereditatis suæ post decessum ipsius expectant portiones, dando, tradendo, vendendo, vel aliquo alio modo, potest*

(1) *Établissements de saint Louis*, liv. I, chap. 136 et liv. II, chap. 26, éd. Viollet, t. II, p. 256 et 418.

(2) Voy. sur ces différents points Beaumanoir, chap. XIV, t. I, p. 224, notamment les nᵒˢ 13 et 15. — Cpr. *Grand coutumier de France*, l. I, ch. 40.

(3) *Grand coutumier de Normandie*, ch. 36, éd. de Gruchy, p. 111. — Ancienne coutume de Bretagne, art. 530.

de hereditate sua facere aliis meliorem ; nec etiam aliquem ex ipso procreatum : et quod dictum est de masculis, similiter intelligendum est de feminis. » Les *Anciennes coutumes d'Anjou et du Maine* veulent, au nom de l'égalité, que les enfants coutumiers, même s'ils renoncent, rapportent à la succession, sans qu'on puisse les dispenser de cette obligation. Elles imposent le rapport même dans les familles nobles. Nous avons vu que, d'après ces coutumes, le père peut écarter sa fille noble de la succession en lui donnant le tiers de son héritage. Lui donne-t-il moins, ne serait-ce qu'un chapeau de roses, mais si d'ailleurs elle est mariée noblement, elle est encore privée des successions de ses père et mère, aïeul et aïeule, frères et sœurs, « de ce qui est descendu desdites successions de père ou de mère ausdiz frères et sœurs. » Mais le père peut, dans ce cas, réserver par une clause du contrat de mariage le droit pour sa fille de venir à la succession, et, grâce à cette clause, elle hérite sans être tenue de rapporter les meubles qui lui ont été donnés. Toutefois cette réserve du droit de succession ne pourrait pas résulter d'un acte postérieur au mariage. Enfin, la fille noble mariée à un roturier viendrait toujours à la succession, mais à charge de rapport (1).

Le rapport doit être fait en nature sans distinction entre les meubles et les immeubles, à moins que le donataire n'ait aliéné les biens, auquel cas le rapport a lieu en moins prenant. Dans ce même cas, on détermine la valeur du bien en se plaçant au moment de la donation et sans rechercher si, au jour du décès, il avait augmenté ou diminué de valeur (2). D'après les *Anciennes coutumes d'Anjou et du Maine*, si le bien donné a augmenté de prix ou diminué de valeur par le fait du donataire, celui-ci garde dans tous les cas le bien : dans le premier cas, on ne tient pas compte de ces améliorations ni dans le second des dégradations, et on estime l'immeuble à la valeur qu'il avait au moment de la donation (3). D'ailleurs, l'héritier tenu au rapport ne restitue jamais les fruits perçus, même

(1) *Anciennes coutumes d'Anjou et du Maine,* L, n° 128, t. IV, p. 203. Ajoutez F, n°ˢ 804 et suiv., t. II, p. 291 ; B, n° 142, t. I, p. 154; C, n° 131, t. I, p. 337; E, n° 176, t. I, p. 494; F, n°ˢ 462 et 463, t. II, p. 178.

(2) Voy. à cet égard Beaumanoir, chap. XIV, n° 13, t. I, p. 230.

(3) *Anciennes coutumes d'Anjou et du Maine,* F, n° 806, t. II, p. 292.

depuis l'ouverture de la succession. Enfin, certains biens sont dispensés de rapport, par exemple les livres donnés aux écoliers pour leurs études et probablement, d'une manière plus générale, tout ce qui était nécessaire à l'éducation des enfants.

La nécessité d'assurer l'égalité entre les enfants ou même entre les héritiers quelconques, conduisit à l'époque de la rédaction officielle des coutumes à la règle que *nul ne peut être à la fois héritier et légataire*. Si le défunt avait laissé par testament un legs à un de ses héritiers légitimes, celui-ci n'aurait donc pu le recueillir qu'à la condition de renoncer à la succession *ab intestat*. Mais ces principes ne sont pas encore bien dégagés au moyen âge. Bouteiller dit, en effet, dans sa *Somme rural* (1) : « Il n'est pas défendu par la loi écrite (c'est-à-dire par le droit romain), que aucuns ne puisse bien estre ausmosnier et parchonnier (c'est-à-dire légataire et héritier) d'aucune chose, combien que maintes coutumes soient contraires. » De son côté, Laurière nous apprend sous l'article 303 de la coutume de Paris, que la prohibition d'avantager un des enfants par donation ou par testament, a été formellement consacrée par un acte de notoriété du Parloir aux bourgeois de 1293. Beaumanoir ne mentionne pas en termes précis la prohibition pour tout héritier d'être en même temps légataire. Il se borne à dire qu'il ne doit pas y avoir d'inégalité entre les enfants, ce qui paraît bien conduire à la nullité du legs qui aurait été fait à l'un d'eux, du moins s'il était important (2).

Loisel résume très exactement dans ses *Institutes coutumières* (3) le système général du droit en vigueur de son temps : dans la ligne directe descendante, le rapport était dû pour les donations entre-vifs et on ne pouvait pas être à la fois héritier et légataire ; dans les autres lignes, le rapport

---

(1) *Somme rural,* liv. I, tit. 103.

(2) Beaumanoir, chap. XII, n° 3 : « Çascuns gentixhons ou hons de poeste, qui n'est pas sers, pot, par nostre coustume, laissier en son testament ses muebles, ses conquès et le quint de son heritage, là u il li plest, exceptés ses enfants as quix il ne pot plus laissier à l'un qu'à l'autre. » Édit. Beugnot, t. I, p. 180.

(3) *Institutes coutumières,* liv. II, tit. 4, n°s 6 et 12; tit. 5, n° 16; tit. 6, n°s 2 et 6.

n'existait pas et on pouvait être à la fois héritier et donataire, mais non légataire (1).

§ 16. (*Suite*). INDIVISION. PARTAGE.

Lorsque les diverses personnes appelées à la succession, se reconnaissent la qualité d'héritières entre elles, elles se trouvent alors en état d'indivision. Tant qu'elles restent dans cette situation, elles peuvent administrer en commun ou charger l'une d'elles de gérer les biens. Mais tout cohéritier qui fait des dépenses dans l'intérêt commun a droit à indemnité de la part de ses cohéritiers (2).

Les cohéritiers sortent de l'indivision par l'effet du partage. Il va sans dire que ce partage ne portait pas sur les fiefs déclarés indivisibles (3). Il est inutile de revenir ici sur la question du partage des fiefs et sur la tenure en parage dont nous avons parlé à l'occasion de la succession des biens nobles. De même, nous avons vu que le principe suivant lequel *le mort saisit le vif*, bien antérieur à l'époque féodale, avait servi d'arme aux légistes pour attaquer les droits que les seigneurs prétendaient percevoir à l'occasion des transmissions héréditaires. Une fois ce principe consacré pour la transmission du défunt à l'héritier, on s'efforça de le faire accepter pour le partage entre héritiers. La féodalité essaya aussi de résister à ce courant comme elle avait voulu le faire contre les conséquences de la saisine héréditaire, et ses prétentions furent défendues par quelques jurisconsultes. Ceux-ci soutinrent que le partage était un véritable échange et qu'en conséquence le seigneur pouvait prétendre aux droits dus en pareil cas (4).

(1) Loisel, *Institutes coutumières, op. et loc. cit.*, notamment liv. II, tit. 4, n° 12. Ce texte n'est toutefois pas très clair et peut permettre de croire que Loisel admettait encore le cumul des qualités d'héritier et de légataire en ligne collatérale.

(2) Beaumanoir, chap. XXII, éd. Beugnot, t. I, p. 323. On trouvera dans ce chapitre de nombreux détails sur les rapports et obligations entre héritiers et d'une manière plus générale entre compagnons.

(3) Voy. à cet égard *Établissements de saint Louis*, liv. I, chap. 26, éd. Viollet, p. 36.

(4) Voy. par exemple Borellus, *Somma decisionum*, tit. XXXV, § 51 ; Favre, *De erroribus*, au titre *De laudimiis, error II*, dec. 3 ; Bouteiller, *Somme rural*, liv. I, tit. 83.

Mais cette opinion ne tarda pas à être très généralement repoussée et on préféra la doctrine contraire suivant laquelle le partage est une aliénation nécessaire. Bartole en concluait déjà, sur la loi 12, *De condictione furtiva*, qu'aucun droit de mutation n'était dû, non seulement pour les biens héréditaires, mais même s'il s'agissait d'autres choses communes. D'ailleurs, qu'on le remarque bien, jusqu'au xvie siècle, les jurisconsultes reconnaissaient que le partage était translatif de propriété, seulement ils le considéraient, ainsi que nous l'avons dit, comme une aliénation nécessaire. C'est seulement à l'époque de Dumoulin qu'on songea à donner au partage un caractère nouveau et à dire qu'il était déclaratif et non translatif de propriété (1).

Nos anciens coutumiers s'occupent très longuement de la manière de procéder au partage, de la formation des lots et de leur attribution aux différents héritiers. C'est en effet là une question très pratique, mais qui offre peu d'intérêt pour l'étude de l'histoire des institutions. Aussi nous bornerons-nous à renvoyer aux anciens textes. On y verra que les lots étaient tantôt faits par l'aîné, plus souvent par le puîné, parfois aussi par la veuve à cause de son douaire, mais qu'en général le droit de choisir parmi les lots appartenait d'abord au plus âgé (2). Lorsque le défunt laissait à sa mort un fils et une femme enceinte, Beaumanoir voulait qu'on procédât au partage comme s'il devait naître trois enfants; il en donnait pour

---

(1) Voy. en sens divers sur cette question : De Valroger, *Origines et effets de la maxime :* le partage n'est que déclaratif de propriété, dans la Revue de Fœlix; t. XVII, p. 108. — Liégeard, *De l'origine de l'esprit et des cas d'application de la maxime* le partage est déclaratif de propriété, Paris, 2e éd., 1856. — Aubépin, *De l'influence de Dumoulin sur la législation française.* — Valabrègue, *Étude historique sur l'art. 883 du Code civil*, Paris, 1872, 1 broch. in-8°, extrait de la *Revue pratique*, t. XXXIV, p. 483 et suiv. — Favre, *De l'origine et de la maxime* le partage est déclaratif de propriété. Thèse de doctorat, 1872.

(2) Voy. notamment Beaumanoir, chap. XIV, nos 13 et suiv. — *Grand coutumier de Normandie*, chap. 26, éd. Gruchy, p. 79. — *Anciennes coutumes des pays de Vermendois*, éd. Beautemps-Beaupré, nos 265 et suiv., p. 137. — *Livre de jostice et de plet*, p. 150 à 155. — *Anciennes coutumes d'Anjou et du Maine*, F, 187 à 190, 422 à 478, t. II, p. 98 et 169; I, nos 220 à 224, t. III, p. 355; L, nos 140 et suiv., t. IV, p. 205; — *Livre des droiz et des commandemens*, nos 95, 143, 412, 578, 721, 1033.

raison qu'on ne sait pas si la femme en mettra au monde deux ou quatre. Les parts de ces enfants à naître étaient mises en *sauve-mains* (1).

Les héritiers étaient tenus des dettes du défunt comme ils profitaient de ses créances, à moins qu'il ne s'agît de droits essentiellement attachés à la personne, activement ou passivement (2). C'est une conséquence naturelle de ce que l'héritier remplace le défunt et elle s'imposait encore plus que dans le droit romain, lequel n'appliquait pas d'une manière générale la règle *le mort saisit le vif*. Déjà les *Assises des bourgeois* disaient que l'héritier doit payer toutes les dettes parce qu'il a juré la parenté et reçu les choses du mort (3). La coutume de Normandie contenait une disposition qui, par sa nature même, devait être très ancienne. Elle voulait que les différents héritiers fussent tenus solidairement des dettes du défunt vis-à-vis des créanciers ; entre héritiers, chacun supportait exclusivement les dettes héréditaires afférentes à l'espèce de biens qu'il avait recueillis. Ainsi les dettes relatives aux propres restaient à la charge de l'héritier des propres ; les dettes relatives aux meubles,

---

(1) Voy. à cet égard, Beaumanoir, chap. XX, nº 4, éd. Beugnot, t. 1, p. 298. De même on lit dans les *Anciennes coutumes d'Anjou et du Maine*, F, nº 455, t. II, p. 176 : « Si aucun homme qui soit mort a ung filz et une fille et ait laissé sa femme grosse, si celui enffant demandoit partaige à la mere qui est grosse, droit dit que celui qui demande partie n'aura que la quarte partie des biens à son pere tant que la mere demoura à enffanter, pour ce qu'il est possible chose que la mere puisse avoir sept enffans (le copiste avait écrit d'abord *quatre*, mais il a effacé pour mettre sept) ; et au moins jusques à ung pour ce prent l'en maslement. Et quant elle aura enffanté si pouroit partir par tant de testes comme ils seroient. *Concord. l. antiqui, 3, ff. si pars hereditatis petatur, 5, 4.* »

(2) L'action d'injure se transmettait contre les héritiers du coupable, mais seulement en ce qui concernait le paiement de l'amende et à la condition que le procès eût été commencé avant la mort du coupable ; les héritiers ne devaient pas la réparation appelée amende honorable. — Desmares, *Décision 117.* — Lorsque le défendeur mourait au cours du procès, le demandeur devait faire assigner les héritiers le plus tôt possible, à l'effet de savoir s'ils voulaient maintenir ou abandonner la prétention de leur auteur ; autrement il y aurait eu interruption de l'instance, Desmares, *Décision 130.* — *Grand coutumier de France*, liv. III, chap. 5, p. 429. — D'après le *Livre des droiz et des commandemens*, nº 873, l'action d'injure tombe à la mort du demandeur et ne se transmet pas à son héritier s'il meurt avant la litiscontestation.

(3) *Assises des bourgeois*, art. 165 et 171.

concernaient uniquement l'héritier des meubles et acquêts.
Mais qu'on le remarque bien, ce principe était seulement
relatif à la répartition des dettes entre héritiers, ou ainsi que
nous disons aujourd'hui, à la contribution aux dettes et c'est
précisément parce que ce système aurait été très gênant pour
les créanciers, qu'à leur égard et pour le paiement des dettes,
on avait déclaré les héritiers tenus solidairement (1). Pothier
affirme que ce mode de répartition des dettes entre les héritiers, a été très généralement appliqué dans les coutumes jusqu'au temps de leur rédaction; à cette époque, on adopta un
système beaucoup plus simple, consistant à faire contribuer
chaque héritier aux dettes vis-à-vis de ses cohéritiers, en proportion de la part d'actif qu'il prenait dans la succession sans
se préoccuper de la nature et de l'origine des biens qu'il recueillait. Mais quant au paiement des dettes, les coutumes n'a-
vaient pas admis le principe de la solidarité consacré par l'ancienne et la nouvelle coutume de Normandie. Dans le dernier
état de notre ancien droit, on décidait que vis-à-vis des créanciers du défunt, les différents cohéritiers étaient tenus pour
des parts égales ou viriles, sans qu'on se préoccupât de la
quantité de biens recueillie par chacun d'eux. En d'autres termes, les cohéritiers contribuaient entre eux aux dettes en
proportion de ce qu'ils prenaient dans l'actif, mais vis-à-vis
des créanciers les dettes se partageaient également entre tous
les héritiers. On avait pensé que si les créanciers avaient été
obligés d'agir contre les héritiers en proportion de leur part
d'actif, les actions de ces créanciers seraient parfois restées
fort longtemps en suspens. Il aurait fallu, en effet, avant tout,
déterminer la valeur de la totalité des biens recueillis par chaque héritier et ces évaluations prennent souvent beaucoup de
temps. Tel paraît bien aussi avoir été le système de la coutume de Paris pour la dernière partie de notre période : entre
eux les héritiers étaient tenus en proportion de leur part hé-

____

(1) Voy. Blanche-Cape, *Explication du douzième titre de la coutume
de Normandie,* Caen, 1662, in-8°. — Cauvet, *De l'organisation de la famille, d'après la coutume de Normandie,* p. 110, extrait de la *Revue
de législation et de jurisprudence* de Wolowski, année 1847-1848. Voy.
toutefois Masuer, *Practica forensis,* tit. 31, n° 1 ; Hévin, sur Frain, t. II,
p. 848.

réditaire et vis-à-vis des créanciers ils payaient les dettes par parts viriles , à moins qu'il ne s'agît d'une dette hypothécaire, auquel cas l'héritier détenteur de l'immeuble hypothéqué pouvait être poursuivi pour le tout, sauf bien entendu son recours contre ses cohéritiers (1). Mais d'autres textes sont moins précis ; ils ne paraissent pas connaître la distinction entre le paiement des dettes et la contribution aux dettes et ils décident en termes généraux que chacun est tenu en proportion de sa part héréditaire, aussi bien vis-à-vis des créanciers qu'à l'égard des autres héritiers (2). Dans certaines coutumes l'aîné, malgré la prérogative attachée à cette qualité ou pour mieux dire à raison de son privilège, supportait les dettes comme ses cohéritiers et de même que s'il avait pris une part ordinaire ; en d'autres termes, on ne tenait pas compte de son préciput et les dettes se partageaient également entre lui et ses puînés (3). Mais il va sans dire que, dans les coutumes où il était seul héritier, seul aussi il était tenu des dettes.

On sait que dans le très ancien droit, les meubles seuls répondaient des dettes à l'exclusion des immeubles. Cette règle a été aussi observée au commencement de notre période et, dans la suite, sous son influence, certaines coutumes ont décidé que les créanciers devaient se faire payer avant tout sur les meubles et acquêts ; ils n'avaient action sur les autres biens qu'autant que les premiers ne les avaient pas intégralement désintéressés (4).

Il nous reste, pour terminer, à présenter quelques observa-

(1) Desmares, *Décisions 159* et *167*. — *Coutumes notoires,* n°s 18 et 86. — *Grand coutumier de France,* liv. II, chap. 40, p. 369 : « Nota que contre ung héritier l'en peult bien faire action personnelle et hypothèque, la personnelle précède l'hypothèque, et *se divise la personnelle en tant de parties comme il y a de héritiers,* et l'hypothèque ne se devise point, mais peult l'en conclure hypothécairement et totalement, tant sur l'héritage de l'hoir, comme sur l'obligation. Et en tant comme il touche l'hypothèque, l'héritier peult bien demander garant. »

(2) *Anciennes coutumes des pays de Vermendois,* n°s 206 et suiv., éd. Beautemps-Beaupré, p. 107.

(3) *Anciennes coutumes d'Anjou et du Maine,* K, n° 177, t. IV, p. 94. — Cpr. Laurière, sur l'art. 334 de la coutume de Paris , t. III, p. 150 et suiv.

(4) *Anciennes coutumes d'Anjou et du Maine,* B, n° 133, t. I, p. 147; C, n° 121, t. I, p. 331 ; E, n°s 160 et 161, t. I, p. 182 ; F, n° 533, t. II, p. 202 ; K, n° 177, t. IV, p. 91.

tions pour le cas où il s'agit de fiefs possédés par des bourgeois, et celui où des biens roturiers sont possédés par des nobles.

On a admis d'assez bonne heure que les bourgeois pouvaient posséder des fiefs et en sens inverse, rien ne s'opposait à ce que des nobles fussent possesseurs de tenures roturières. Pour régler la succession, on aurait dû, d'après la rigueur des principes, s'en tenir à la nature des biens, et c'est en effet ce que l'on admit dans le second cas : les nobles possesseurs de tenures roturières les partageaient comme biens de rotures, c'est-à-dire par portions égales (1). Mais pour le cas inverse d'un fief possédé par un roturier, par exemple par suite d'un achat qu'il aurait fait, on décidait que ce fief se partageait comme s'il avait été un bien de roture entre l'aîné et les puînés, à la première et à la seconde génération, sauf que l'aîné seul faisait la foi au seigneur, et qu'à ce titre il avait « l'avantage selon la grandor de la chose por faire la foi. » Mais à la troisième génération, le bien se partageait noblement, et par exemple, l'aîné en obtenait les deux tiers, tandis que ses puînés en étaient réduits au troisième tiers. Il y avait, dès lors, en même temps aussi anoblissement de la famille. Ce procédé était d'ailleurs très général, et il est probable que d'autres solutions de même nature ont préparé celles que nous venons de donner. Ainsi on relève une solution analogue pour le cas où une femme noble avait épousé un homme coutumier ou vilain (2). De même, d'après la loi des Ripuaires, le descendant de l'affranchi n'acquérait la pleine ingénuité qu'à la troisième génération (3).

(1) Cpr. Laboulaye, *Condition des femmes,* p. 363.

(2) Voy. *Etablissements de saint Louis,* liv. I, chap. 25 et 147, éd. Viollet, t. II, p. 35 et 281. — Pour le cas de succession d'un gentilhomme ayant épousé une roturière ou d'un roturier ayant épousé une gentilfemme, voyez *Anciennes coutumes d'Anjou et du Maine,* F, nᵒˢ 443 et 444, t. II, p. 171. — *Livre des droiz et des commandemens,* nᵒˢ 425, 928 et 1015. Y joindre les observations de M. Beautemps-Beaupré, t. I, p. 170.

(3) Capit. de 803, cap. 10, Pertz, *Leges,* I, 118. Cpr. Zœpfl, *Deutsche Rechtsgeschichte,* t. I, p. 155. — Viollet, *Etablissements de saint Louis,* t. I, p. 169.

§ 17. Dérogations aux successions ab intestat.
Donations.

Les donations et les testaments ont toujours pour effet de déroger au droit commun des successions et fort souvent aussi c'est précisément le but que se propose d'atteindre le donateur ou le testateur. Toutefois il existe une différence essentielle entre les libéralités entre-vifs et celles qui ont lieu à cause de mort; les secondes ne nuisent qu'aux héritiers sans atteindre le testateur, tandis que les premières appauvrissent le donateur lui-même. Nous aurons occasion de constater que le législateur de l'époque féodale n'a pas perdu de vue cette différence.

D'ailleurs à cette époque, les donations entre-vifs ne sont pas soumises, comme aujourd'hui, soit pour le fond, soit pour la forme, à des dispositions particulières et souvent restrictives. Ainsi il n'est pas parlé d'une capacité spéciale qui aurait été nécessaire pour faire ou recevoir une donation. Toute personne franche, majeure et jouissant de ses facultés, pouvait disposer de ses biens (1). Dans l'ancienne coutume de Paris, on avait la faculté de disposer librement de ses biens par donation dès l'âge de quatorze ou de vingt ans, selon qu'on était roturier ou noble. Mais en 1580, à l'occasion de la réformation de la coutume, cette règle fut reconnue dangereuse et il fut décidé qu'à l'avenir la pleine capacité de disposer par donation serait reculée jusqu'à vingt-cinq ans. Toutefois les mineurs émancipés pouvaient donner leurs meubles à partir de l'âge de vingt ans et on sait que le mariage emportait émancipation (2).

De même certaines incapacités de recevoir s'introduisirent vers la fin de notre période et probablement sous l'influence du droit romain. Ainsi dans la coutume de Paris, un supérieur ne pouvait pas recevoir de son inférieur, un juge de son justiciable, un baillistre ou gardien de son pupille (3). Nous verrons

(1) *Coutumes notoires*, art. 143.

(2) Voy. le procès-verbal de rédaction de la coutume dans Richebourg, t. III, p. 83.

(3) Coutume de Paris, art. 276.

que l'interdiction des donations entre époux s'est établie de la
même manière. On doit bien probablement aussi faire remonter encore à la même source la prohibition adressée au débiteur
insolvable de faire des libéralités en fraude des droits de ses
créanciers et certains textes en proposent pour raison qu'en
pareil cas le débiteur donnerait ce qui ne lui appartient plus.
Cette prohibition adressée au débiteur insolvable paraît être
de date beaucoup plus ancienne que les précédentes, car elle
est relevée de bonne heure par les coutumiers (1). D'autres
causes d'incapacité de recevoir sont également de date ancienne et ont pour objet d'empêcher de porter atteinte aux
règles des successions *ab intestat* sur la dévolution des biens.
Ainsi le père ou la mère ne peut pas donner à son bâtard,
lequel est frappé d'une incapacité complète à l'égard de ses
parents (2). Les enfants adultérins et incestueux sont également incapables et on a même soin d'ajouter que cette incapacité ne peut pas être tournée au moyen de libéralités faites à
des personnes interposées (3). De même encore nous savons
qu'il n'est pas permis de donner sur un fief de manière à
entamer la part réservée à l'aîné sur ce bien. Ainsi dans les
coutumes où l'aîné doit obtenir les deux tiers du fief, il n'est
pas possible de donner à un étranger au delà du tiers (4).

D'une manière plus générale, les donations pouvaient porter
sur toutes sortes de biens, meubles ou immeubles, fiefs,
alleux ou censives, propres ou acquêts, biens corporels ou
incorporels. Mais pour les fiefs et les propres, il existait des
réserves importantes destinées à assurer le service des fiefs ou
la conservation des biens dans les familles et qui rendaient la
plupart de ces biens indisponibles à titre gratuit, surtout à
cause de mort.

La donation n'était pas non plus soumise à des formes spéciales. On pouvait la faire constater par acte notarié, mais

(1) Beaumanoir, ch. LIV, nº 5, t. II, p. 309. — *Olim*, t. I, p. 159. — *Anciennes constitutions du Châtelet*, nº 81, éd. Mortet, p. 86.

(2) *Grand coutumier de Normandie*, chap. 36, éd. de Gruchy, p. 112. —
Anciennes coutumes d'Anjou et du Maine, F, nº 1240, t. II, p. 461.

(3) *Livre des droiz et des commandemens*, nº 770.

(4) *Etablissements de saint Louis*, liv. I, chap. 10, éd. Viollet, t. II,
p. 19. — *Grand coutumier de Normandie*, chap. 36, éd. de Gruchy, p. 112.

cette forme authentique n'était pas obligatoire et c'est seulement à partir du xvi° siècle qu'elle devint d'un usage général (1). Toutefois, suivant le principe ordinaire des contrats, la donation n'était valable que par la transmission de la saisine du donateur au donataire ; la simple promesse de donner n'était pas par elle-même obligatoire et ne donnait pas action en justice (2). C'était là un principe très avantageux aux héritiers : si le donateur mourait avant d'avoir exécuté sa promesse, la donation était nulle et les héritiers n'étaient pas obligés de tenir ses engagements (3). Il est possible qu'une opinion contraire ait été proposée; on en trouve peut-être un écho dans Beaumanoir d'après lequel on n'a pas le droit de révoquer les promesses de don; il faut au contraire les exécuter (4). On pourrait croire que Beaumanoir avait en vue seulement l'obligation morale, sans donner action au donataire contre le donateur pour obtenir l'exécution de la promesse. Ce serait toutefois là une erreur et d'autres passages du grand jurisconsulte prouvent très nettement qu'il donnait action en justice au donataire pour contraindre le donateur à exécuter son engagement. Seulement il voulait que les créances à titre gratuit ne fussent payées qu'après les créances à titre onéreux (5). En faisant ainsi produire effet à la donation par simple promesse et sans tradition, Beaumanoir était encore une fois, a-t-on dit, en avance sur son temps comme tous les hommes de génie. Peut-être s'était-il tout simplement inspiré du droit romain. Ce fait est plus fréquent de sa part qu'on ne le croit généralement; toutefois, à la différence des autres jurisconsultes, au lieu de montrer qu'il se sert du droit romain, il a

(1) L'intervention du notaire ne devint absolument obligatoire qu'en vertu de l'ordonnance de 1734. Isambert, t. XXI, p. 343.

(2) Il va sans dire qu'en tant que contrat, la donation aurait pu être annulée pour vice du consentement, notamment pour erreur, dol, violence. Cpr. *Livre des droiz et commandemens,* n° 145.

(3) *Assises de Jérusalem, Abrégé des assises de la haute cour,* § 194; *Livre de Jean d'Ibelin,* chap. 144; *Cour des bourgeois,* chap. 214. — Britton, liv. II, chap. 2, 8, 9, éd. Nichols, p. 220, 250, 259.

(4) Beaumanoir, chap. XII, n° 39, t. I, p. 182.

(5) Beaumanoir, chap. LXX, n° 9, t. II, p. 501. — Cpr. La *très ancienne coutume de Bretagne,* art. 319. Voy. Esmein, *Études sur les contrats dans le très ancien droit français,* p. 42.

soin de le cacher avec art. Dans tous les cas, il est certain que
cette doctrine consistant à reconnaître effet obligatoire à la
seule promesse de donner a été partout rejetée. On s'est même
montré particulièrement rigoureux en matière de donation.
Pour les autres contrats, la prestation d'un objet accessoire
suffisait. Sous la période franque, on simulait que le contrat
était à titre onéreux dans tous les cas où le donateur ne voulait pas se dépouiller actuellement et irrévocablement, et il se
faisait livrer par le donataire un objet de peu d'importance, de
manière à rendre le contrat parfait par cette tradition. Mais
au moyen âge, sans aucun doute en haine des donations et
pour assurer la conservation des biens dans les familles, on
exigea comme condition de validité de ces libéralités, que le
donateur transférât tout de suite la propriété au donataire ; la
donation fut un contrat essentiellement réel, soumis au transport de la propriété et à la remise du bien donné entre les
mains du donataire. Les coutumes de Champagne, rédigées
en 1224 par l'ordre de Thibaud, exigent dans leur article 44,
non seulement que l'homme ou la femme qui donne à un
autre une maison ou autre héritage, « s'en devestent par justice et l'en revestent par justice, » mais encore « qu'ils li quittent et li donnent quanques ils i ont et toutes voies li devesteres
retient et en demeure saisis, sans ce qu'il en paie loier, ne
nulle redevance à celui à qui aura fait li don, li don ne vaudra
rien contre loir dou mort, pourceque par droit commun
et par coutume de Champagne, donners et retenirs ne vaut
riens. » Ainsi apparaît la formule encore aujourd'hui acceptée
par la doctrine et la jurisprudence « *Donner et retenir ne
vaut,* » et que consacre également sans la reproduire notre Code
civil dans les articles 894, 943 et suiv. Mais au moyen âge,
cette formule a un sens différent de celui qu'on lui donne
aujourd'hui : elle signifie que le dessaisissement du donateur
doit être immédiat et résulter d'une tradition réelle. Cette condition de la validité de toute donation est répétée par un grand
nombre d'autres textes (1). Elle a pour objet d'empêcher les

(1) *Livre des assises de la cour des bourgeois,* chap. 214; Jean d'Ibelin,
chap. 144; *Clef des assises de la haute cour,* n° 194. — Glanville, lib.
VII, cap. 1. — *Regiam majestatem,* lib. II, cap. 18, n°ˢ 3 à 6. — Bracton, fol. 39 et 40. — Britton, liv. II, chap. 9, n°ˢ 1 et 3, éd. Nichols, t. I,

donations irréfléchies et par cela même aussi de favoriser les héritiers. Plus tard, sous la période suivante, on se montra moins rigoureux sous ce rapport et, suivant le droit commun, la tradition feinte ou clause de dessaisine-saisine fut déclarée suffisante.

Mais en même temps qu'on se relâchait sous ce rapport, on devenait plus rigoureux au point de vue de l'irrévocabilité; on exigeait que le donateur ne pût, par aucune clause insérée au contrat de donation, se réserver le moyen de revenir sur sa libéralité et de reprendre son bien. C'est pour exprimer cette nouvelle restriction apportée à la liberté de donner qu'on continua à dire « *donner et retenir ne vaut.* » Cette maxime a donc changé de sens. Au moyen âge elle se rapportait à la formation du contrat et dans les temps modernes, sous la période suivante, elle eut pour objet de retirer au donateur le moyen de révoquer sa libéralité. D'ailleurs aux deux époques on s'est proposé le même but par des moyens différents : empêcher le donateur de faire des libéralités irréfléchies et d'en abuser aux dépens de ses héritiers; on se dépouille moins volontiers lorsqu'on se sait dépourvu de moyens de reprendre le bien donné (1).

En résumé, après la rédaction des coutumes, la formation du contrat de donation ne fut soumise à aucune règle particulièrement rigoureuse et rien ne s'opposait à ce qu'on recourût à la tradition feinte. Mais il était interdit au donateur de se réserver un moyen quelconque de revenir sur sa libéralité; c'est en ce sens que les donations étaient irrévocables comme aujourd'hui encore sous l'empire du Code civil. Au moyen âge on était rigoureux pour le transport de la propriété, mais rien ne s'opposait à ce que le donateur se réservât le moyen de revenir sur sa libéralité. La règle « *donner et retenir ne vaut* » a ainsi présenté deux sens successifs qu'il est essentiel de ne pas confondre (2).

p. 258 et 259. — *Coutumes notoires,* n° 143. — Bouteiller, *Somme rural,* liv. I, tit. 45. — Cpr. coutume de Paris, art. 273 et suiv. — Voy. aussi *Anciennes coutumes de Vermendois,* n° 91, p. 57.

(1) D'ailleurs jusqu'à l'ordonnance de 1731 qui trancha les controverses, on fut loin de s'entendre sur les conséquences de cette irrévocabilité des donations.

(2) Il résulte aussi de ce qui précède que si au moyen âge le simple

L'irrévocabilité de la donation quant au fond du droit n'offrant aucune particularité au moyen âge, le donateur pouvait revenir sur sa libéralité s'il s'était réservé ce droit, et il paraît même qu'en fait lui ou ses héritiers en usaient même dans le cas contraire et de la façon la plus arbitraire. A vrai dire, les donations ne donnaient aucune garantie spéciale au donataire. Les nombreux actes de confirmation qu'on avait soin de demander en sont la meilleure preuve. Il fallait souvent payer fort cher ces confirmations du seigneur, des enfants, de la femme, des parents, etc., mais on ne reculait pas devant ce sacrifice pour obtenir quelque sécurité (1).

A la fin de notre période, peut-être sous l'influence du droit romain, l'irrévocabilité de la donation commença à être affirmée avec une certaine rigueur; c'est ce que fait notamment le *Livre des droiz et des commandemens* (2). Bien certainement sous l'action du droit romain, après avoir proclamé le principe de l'irrévocabilité, on y admettait trois dérogations, encore aujourd'hui consacrées par le Code civil. Toute donation pouvait être révoquée : pour cause d'inexécution des conditions ou charges par le donataire; pour survenance d'enfant au donateur qui n'en avait pas au moment de la libéra-

échange des consentements n'était pas obligatoire pour le donateur et au profit du donataire (sauf l'opinion contraire de Beaumanoir), il en fut autrement après la rédaction officielle des coutumes. La simple promesse de donner fit naître une action au profit du donataire devenu créancier du donateur. L'influence du droit romain favorisa cette innovation. Voy., par exemple, Le Caron, sur les art. 272 et suiv. de la coutume de Paris.

(1) Voy., par exemple, Orderic Vidal, collection Guyot, t. II, p. 32, 378, 390, 395, 411, 423, 432, 435, 438, 462. — Cf. Albert Desjardins, *Recherches sur l'origine de la règle donner et retenir ne vaut,* n° 20, p. 57.

(2) *Livre des droiz et des commandemens,* n° 479. Cependant l'auteur de ce coutumier ne connaît pas encore l'irrévocabilité des donations avec le second sens rigoureux de la maxime « *donner et retenir ne vaut,* » car il admet la validité de la libéralité par laquelle le donateur promet une chose à prendre dans sa succession et il ajoute que, dans ce cas, le donateur conserve la libre disposition de la chose pendant sa vie. Mais il ajoute qu'il est inutile de confirmer cette libéralité par testament. On remarquera qu'en outre, dans ce texte, il s'agit d'une simple promesse de donner et qu'ainsi la libéralité est en contradiction avec les deux sens successifs de la règle « *donner et retenir ne vaut.* » Voy. *Livre des droiz et des commandemens,* n° 982, t. II, p. 302.

lité; enfin en cas d'ingratitude du donataire, et par exemple
s'il avait refusé des aliments au donateur tombé dans la misère, s'il avait attenté à sa vie, etc. Toutefois la révocation
pour cause de survenance d'enfant ne pouvait être demandée
qu'à l'égard de ces enfants et celle qui était fondée sur l'ingratitude ne donnait naissance qu'à une action attachée à la
personne du donateur; en d'autres termes, cette action ne se
transmettait pas aux héritiers et enfin pour pouvoir l'intenter,
le donateur devait se pourvoir de lettres royaux (1).

Le principe du transport de la propriété, comme condition
de la validité de la donation, devait apporter une certaine
gêne à l'adjonction des modalités telles que le terme ou la
condition. Cependant plusieurs textes nous montrent qu'une
donation pouvait être faite sous condition résolutoire. Lorsqu'une donation avait lieu *sub causa* au profit d'un enfant placé
en puissance de parents, on considérait la libéralité comme s'a-
dressant à l'enfant lui-même, mais si la cause venait à disparaître, elle profitait aux parents. Au contraire, la donation faite
sans cause à un enfant en puissance était toujours directement
acquise aux parents (2).

Dans les pays de droit écrit, les donations ne présentaient
aucune particularité remarquable. Assez souvent on suivait
le système consacré par la loi romaine des Visigoths. C'est ce
qui avait lieu notamment à Toulouse. Ainsi la donation devait
être rédigée par écrit, signée du donateur et du donataire et
l'acte contenait la désignation précise de la chose; si le donateur ne savait pas signer, cette formalité était remplie en son
lieu et place par un tiers en présence de témoins. L'acte était
ensuite transcrit sur les registres du tribunal ou sur ceux de
la municipalité. Mais en outre il fallait la tradition réelle de
la chose, comme dans les pays de coutume. De même encore,
le donateur pouvait revenir sur sa libéralité s'il s'était réservé
ce droit. La coutume de Toulouse ne déclare absolument
irrévocable que la donation faite par un père à son fils pour
cause de mariage (3). A Montpellier, on n'exigeait pas, comme

---

(1) *Anciennes coutumes d'Anjou et du Maine*, F, nᵒ 1249, t. II, p. 463.
— *Livre des droiz et des commandemens*, nᵒˢ 135, 197, 479, 889.

(2) Desmares, *Décisions 248, 371, 372.*

(3) Ancienne coutume de Toulouse, art. 186 et 187. Cpr. *Lex romana
visigothorum*, III, 5, 1; VIII, 5, 1.

à Toulouse, la rédaction d'un écrit pour la validité de la donation ; l'influence du droit romain s'était effacée même à ce point de vue (1).

§ 18. (*Suite*). DONATIONS A CAUSE DE MORT.

La donation à cause de mort était en droit romain une libéralité intermédiaire entre la donation entre-vifs et le legs. En dernier lieu Justinien avait assimilé sous certains rapports les donations à cause de mort, les legs et les fidéicommis à titre particulier. A l'époque franque, on pratiquait aussi des espèces de donations à cause de mort, mais bien différentes de celles du droit romain. Il semble que ces libéralités mentionnées par les formules soient peu à peu tombées dans l'oubli, car dans les coutumiers les plus anciens il n'est plus parlé des donations à cause de mort, ni dans le sens du droit franc, ni dans celui du droit romain. C'est seulement dans les auteurs les plus récents de notre période que les donations à cause de mort reparaissent par l'infiltration manifeste du droit romain. Ainsi les coutumiers nous disent souvent qu'il existe deux sortes de donations à cause de mort, les unes par testament, les autres par contrat. Il est certain que cette distinction a été établie par suite de l'assimilation que Justinien avait faite des donations à cause de mort avec les legs (2). Mais d'autres textes ont soin d'éviter cette confusion même partielle entre le legs et la donation à cause de mort, et ils distinguent très nettement ces deux sortes de libéralités, le legs contenu dans un testament et la donation à cause de mort qui prend la forme d'un acte entre-vifs (3).

La donation à cause de mort se fait comme la donation entre-vifs par tradition, mais elle ne suppose pas le dessaisissement irrévocable du donateur et elle se rapproche sous ce

(1) Ancienne coutume de Montpellier, art. 74. Cpr. Tardif, *Le droit privé au xiii° siècle d'après les coutumes de Toulouse et de Montpellier*, p. 70.

(2) Voy. par exemple, sur cette distinction, *Anciennes coutumes d'Anjou et du Maine*, L, n° 269, t. III, p. 396. — Bouteiller, *Somme rural*, liv. I, tit. LV, p. 559 et 566.

(3) Voy. par exemple, *Anciennes coutumes d'Anjou et du Maine*, F, n° 1252, t. II, p. 465.

rapport au contraire du legs en ce qu'elle est essentiellement révocable *ad nutum*. En outre, toute donation à cause de mort est nécessairement soumise à des causes de révocation qui lui sont propres. Parfois elle est faite en vue d'un danger déterminé, par exemple d'une guerre à laquelle le donateur va prendre part ou d'un voyage sur mer qu'il est sur le point d'entreprendre et dans ces cas si le donateur échappe au danger, la libéralité se trouve par cela même révoquée. D'autres fois la donation a lieu en vue de la mort plus ou moins prochaine du donateur et sans que celui-ci soit soumis à aucun péril; la cause de révocation précédente disparaît alors tout naturellement. Mais il existe toutefois une autre cause de révocation commune à toutes les donations à cause de mort, qu'elles soient faites ou non en vue d'un danger : c'est le prédécès du donataire. Enfin il ne faut pas oublier que toute donation à cause de mort, comme disent les anciens textes, tombe par le repentir du donateur, c'est-à-dire est essentiellement révocable par sa seule volonté (1). On aura reconnu à ces caractères la donation à cause de mort telle qu'elle était organisée par le droit romain (2).

§ 19. Donations entre époux.

On a beaucoup discuté sur l'origine et le développement de la prohibition des donations entre époux dans notre ancien droit coutumier. Les auteurs sont généralement d'accord pour l'attribuer à l'influence du droit romain. Tel est aussi notre avis. Mais cependant ce motif n'explique pas tout. Ainsi un certain nombre de coutumes, parfois très anciennes, défendent seulement à la femme de donner à son mari, mais rien ne s'oppose à ce que le mari donne à sa femme (3). En droit romain,

(1) *Anciennes coutumes d'Anjou et du Maine,* E, nos 235 et 236, t. I, p. 531; F, nos 1252 à 1254, t. II, p. 465. — La donation à cause de mort ressemblait encore au legs en ce qu'à la différence de la donation entre-vifs, elle était permise entre époux. Voy. *Livre des droiz et des commandemens,* no 116.

(2) Voy. pour le droit romain, mon *Étude sur les donations à cause de mort,* Paris, 1871, 1 vol. in-8°.

(3) *Établissements de saint Louis,* liv. I, chap. 118. éd. Viollet, t. II,

au contraire, la prohibition dans la mesure où elle existe et sous la forme qu'elle prend, concerne aussi bien le mari que la femme.

Il est certain que les lois barbares ne parlent pas de la défense des donations entre époux et que plusieurs formules tout au contraire, nous donnent des exemples de ces libéralités qui étaient manifestement permises à l'époque franque (1). Mais il est essentiel d'observer que ces formules nous parlent presque toujours de donations mutuelles et réciproques entre mari et femme et au profit du survivant des époux, très rarement de donations du mari à la femme et jamais de donations unilatérales de la femme au mari. Il paraît donc bien que déjà à l'époque franque, ces dernières libéralités n'étaient pas permises. Comment expliquer cette prohibition ? La question est assez délicate. Dans les anciennes législations germaniques où le *mundium* avait pour effet d'absorber la personne de la femme dans celle du mari, les libéralités entre époux étaient, à vrai dire, impossibles et ce système a existé pendant de nombreux siècles en Angleterre. Le mari et la femme étaient considérés comme ne formant qu'une seule personne ; si le mari avait donné à sa femme, en réalité, il se serait fait une libéralité à lui-même et, d'un autre côté, la femme ne pouvait pas donner à son mari puisque sa personne n'avait pas d'existence propre. En France on n'admit jamais cette suppression de la personnalité de la femme. Aussi le mari pouvait-il donner à son épouse et les donations mutuelles étaient également permises de manière à profiter au survivant. Mais il est fort probable que déjà à l'époque franque et indépendamment de toute influence romaine, on défendait à la femme de donner à son mari, dans la crainte que celui-ci n'abusât de son autorité pour se faire attribuer des libéralités plus ou moins forcées. C'est le motif que donnent encore les *Établissements de saint Louis* et les *Anciennes coutumes d'Anjou et du Maine*, en constatant cette

p. 212. — Coutume de Bar, art. 26 et 31, dans Richebourg, t. II, p. 1017. — *Anciennes coutumes d'Anjou et du Maine*, F, n° 765, t. II, p. 277. — Coutumes de Lorraine, publiées par Bonvalot, p. 45. — Cpr. *Miroir de Saxe*, I, liv. I, art. 31, § 2.

(1) Formule de Tours, 17, Zeumer, p. 144. — Formule salique de Merkel, 16, Zeumer, p. 247. — Formule de Lindenbrog, 13, Zeumer, p. 275. — Formule visigothique, n° 23, Zeumer, p. 586.

prohibition (1). Mais les abus d'autorité n'étaient pas à craindre en cas de donation réciproque ni avant le mariage, ni par testament toujours révocable; aussi la femme pouvait-elle, même dans les coutumes qui lui défendaient de faire des donations entre-vifs à son mari, le gratifier de donations à cause de mort, de legs ou de donations anténuptiales (2). Il n'en est pas moins vrai qu'il faut reconnaître sur ce dernier point l'existence d'une influence romaine. Mais cette influence n'était pas générale et dans d'autres pays de coutume, ainsi que dans les pays de droit écrit, les donations entre époux étaient permises sans restriction particulière. On avait perdu depuis longtemps la notion de la suppression de la personnalité de la femme et les rigueurs du droit romain avaient paru injustes. Ainsi Beaumanoir ne dit nulle part que les libéralités entre-vifs aient été interdites entre mari et femme et dans son chapitre 77, consacré aux dons outrageux, il n'aurait pas manqué de mentionner cette prohibition si elle avait existé. La même observation s'applique à Pierre de Fontaines et à l'auteur du *Livre de jostice et de plet* (3); c'est en vain qu'on chercherait dans leurs ouvrages une mention de la défense des donations entre époux. Dans les pays du Midi où la prohibition du droit romain aurait dû se maintenir, les coutumes de certaines villes sont au contraire formelles pour permettre les donations entre mari et femme, à la seule condition qu'elles ne soient pas exagérées. Quelques-unes cependant défendent

---

(1) *Établissements de saint Louis*, liv. 1, chap. 118, éd. Viollet, t. II, p. 212. —*Anciennes coutumes d'Anjou et du Maine*, F, nº 260, t. II, p. 276 : « Donnaison que face femme à son seigneur en sa vie ne vault pas, car il est veu ladicte donnaison estre faicte par amour ou par craincte, si doncques le mary ne lui faisoit semblable donnaison et lors n'est veu illecques nulle decepcion, car aussi grand prouffit peut avoir l'un comme l'autre. »

(2) Voy. *Établissements de saint Louis*, liv. I, chap. 118, éd. Viollet, t. II, p. 212.

(3) Beaumanoir et de Fontaines disent positivement que le mari peut laisser à sa femme et la femme à son mari et comme ces deux textes se trouvent au milieu des dispositions à cause de mort et des testaments, il est bien certain qu'il s'agit là de libéralités testamentaires. Mais il n'est pas permis d'en conclure *a contrario* que les donations entre-vifs aient été interdites. Cpr. de Fontaines, *Conseil*, chap. XXXII, nº 14; Beaumanoir, chap. XII, nº 4, t. I, p. 181.

à la femme de donner à son mari si le mariage est resté stérile; mais la prohibition disparaît dans le cas contraire, probablement parce que l'amour maternel est considéré comme suffisant pour empêcher les entraînements irréfléchis en faveur du mari (1).

Dans la suite, pendant la dernière partie de notre période, la législation change complètement : les donations entre époux sont purement et simplement interdites dans les pays de coutume comme dans ceux de droit écrit. La loi romaine l'emporte définitivement et la prohibition est même appliquée plus brutalement qu'à l'époque des jurisconsultes de Rome. Presque toutes les coutumes seront désormais unanimes à constater la défense des donations entre époux (2). Mais elles présenteront de grandes divergences dans les détails et sur l'étendue d'application de cette défense. Ainsi la plupart des coutumes prononçaient purement et simplement la nullité des donations entre époux ; d'autres voulaient qu'elles devinssent valables si elles étaient ratifiées à la mort; d'autres encore faisaient dépendre la prohibition de l'existence d'enfants du mariage. Le plus souvent la prohibition portait seulement sur la donation unilatérale que l'un des époux aurait faite à l'autre entre-vifs; on permettait ainsi les dons mutuels entre-vifs, les donations à cause de mort, les legs, les libéralités entre futurs époux. Mais certaines coutumes apportaient des restrictions même à ces libéralités ou les défendaient parfois purement ou simplement.

Le don mutuel était moins grave qu'une donation ordinaire :

(1) Voy. coutume de Montpellier, art. 54; Carcassonne, art. 54; coutume de Sole, XXIV, 3; de Labourd, IX, 3; de Bergerac, art. 129. Cf. Gide, *Étude sur la condition privée de la femme,* 2ᵉ éd., p. 391. — Les *Assises de Jérusalem* se plaçant à un point de vue opposé et craignant plutôt l'influence de la femme sur le mari, défendent au mari de donner à sa femme pendant le mariage : *Cour des bourgeois,* chap. 173. C'est d'ailleurs là une particularité sans importance sur les développements historiques de notre question.

(2) *Anciennes coutumes d'Anjou et du Maine,* F, nᵒˢ 760 et suiv., t. II, p. 276. — *Livre des droiz et des commandemens,* nᵒ 116. Cpr. nᵒ 549. — Coutume de Lorris, nᵒ 259, éd. Tardif, p. 48. — Bouteiller, *Somme rural,* liv. I, tit. 103, éd. de 1621, p. 1030. Cpr. p. 976 et 977. — Coutume de Paris de 1510, art. 156 et de 1580, art. 282. — Cpr. Cauvet, *De l'organisation de la famille d'après la coutume de Normandie,* p. 16 et 17.

l'un des époux ne donnait à l'autre qu'à la condition de réciprocité, ce qui attribuait à l'acte, dans une certaine mesure, le caractère d'un contrat à titre onéreux. D'après les *Anciennes coutumes d'Anjou et du Maine*, le don mutuel est valable et irrévocable, même si l'un des époux est riche et l'autre pauvre. Cette libéralité a pour effet d'attribuer au survivant des deux époux les biens compris dans la donation. Ainsi dans le Maine et l'Anjou le survivant peut obtenir le tiers des héritages et la totalité des meubles et acquêts; dans l'Anjou, s'il s'agit de roturiers, la moitié des héritages au lieu du tiers (1).

Les textes de notre période prouvent qu'à l'origine le don mutuel pouvait être fait aussi bien en propriété qu'en usufruit. Ils ne le subordonnent pas non plus à l'absence d'enfants et n'exigent pas pour la réciprocité, une bien grande rigueur puisque l'un des époux pouvait être riche et l'autre pauvre; enfin le don mutuel portait sur toutes espèces de biens, d'ailleurs dans la limite où il était permis de disposer à titre gratuit d'après la coutume (2).

Mais bientôt, à mesure que la prohibition des donations entre époux devint plus étroite, on s'attacha aussi à restreindre le don mutuel; la plupart des coutumes le soumirent à des conditions. Toutefois elles présentèrent au début, comme le reconnaît Bouteiller, une grande diversité en cette matière. Ainsi dans la coutume de Paris, alors que le *Grand coutumier* permettait le don mutuel sur toutes sortes de biens, Desmares nous apprend déjà qu'il doit être restreint aux meubles et conquêts (3). Autrefois le don mutuel avait pu être fait en pleine propriété; dans la rédaction officielle de la coutume de Paris, il se réduisit nécessairement à un usufruit au profit du survivant lequel devait fournir caution à l'effet d'assurer la restitution des biens après sa mort (4). Aux XIIIe et XIVe siècles,

(1) *Anciennes coutumes d'Anjou et du Maine,* F, n°s 761 et 762, t. II, p. 276.

(2) *Anciennes coutumes d'Anjou et du Maine,* F, n°s 760 et suiv., t. II, p. 276. — *Coutumes notoires du Châtelet,* n° 58. — Desmares, *Décision* 235. — *Grand coutumier de France,* liv. II, chap. 32, p. 321.

(3) Cpr. *Grand coutumier de France,* liv. II, chap. 32 et Desmares, *Décision 35.*

(4) Coutume de Paris, de 1510, art. 155 et de 1580, art. 280. Voy. aussi, coutume de Lorris, art. 229, éd. Tardif, p. 48.

le don mutuel était permis, qu'il y eût ou non des enfants du mariage et c'était aussi le système consacré par le projet de la première rédaction de la coutume de Paris. Mais après discussion il fut décidé que dans cette coutume la validité du don mutuel serait subordonnée à l'absence d'enfants (1). Enfin, en dernier lieu et au xvie siècle, les donations mutuelles furent assimilées aux donations à cause de mort; elles continuèrent cependant à être irrévocables, mais elles ne saisissaient pas le donataire, lequel devait demander délivrance comme un légataire (2).

Les donations à cause de mort étaient permises entre époux de même que les legs par testament. Cela résulte des nombreux textes qui établissent la prohibition seulement pour les donations entre-vifs (3). Les coutumes du Poitou et de l'Angoumois sont même formelles pour autoriser les donations à cause de mort entre époux et lorsqu'un mari faisait une libéralité à sa femme ou une femme à son mari, on présumait qu'elle était à cause de mort. Mais on admettait d'ailleurs aussi qu'elle était essentiellement révocable (4). Lorsqu'une coutume voulait interdire les libéralités testamentaires entre époux, elle avait soin de le faire en termes formels et ce cas était très rare.

A la différence des donations entre époux, celles qui avaient lieu entre futurs époux étaient permises, sans aucune condition de mutualité et soumises au droit commun quant à la

---

(1) Voy. cout. de Paris de 1510, art. 155, et le procès-verbal de la discussion dans Richebourg, t. III, p. 4. Un passage du *Grand coutumier*, liv. II, chap. 32, éd. Dareste, p. 331, semble indiquer que déjà au xive siècle la validité du don mutuel était subordonnée à la condition qu'il ne fût pas né d'enfants du mariage. Mais la discussion de la rédaction de la coutume officielle prouve bien manifestement que ce passage a été ajouté après cette rédaction. Aussi n'existe-t-il pas dans tous les manuscrits.

(2) Loisel, *Institutes coutumières*, liv. I, tit. 2, règle 129. Toutefois, les dons mutuels pouvaient être révoqués, par consentement mutuel, mais à raison même du caractère réciproque de ces libéralités, on n'admettait pas que la volonté d'un seul pût les faire tomber. Cpr. coutume de Paris, art. 284.

(3) Voy. par exemple, coutume de Lorris, art. 229, éd. Tardif, p. 48. *Livre des droiz et des commandemens*, n° 924.

(4) Voy. coutume du Poitou, art. 209 et 213; Boucheul, *Commentaire sur la coutume du Poitou*, t. I, p. 559, n° 26; coutume de La Rochelle, art. 149; coutume d'Angoumois, art. 52; Vigier, *Coutumes du pays et duché d'Angoumois*, p. 241.

forme et aux effets. Tel était du moins le système de la coutume de Paris et il formait dans les autres pays aussi la règle générale à raison de la faveur due au mariage (1).

Dans les pays de droit écrit, le futur ou ses parents assuraient habituellement à la femme, en retour de la dot promise ou reçue, une donation en vue du mariage et pour le cas où elle survivrait à son mari, connue sous le nom romain de donation *propter nuptias* et qu'on appelait aussi parfois sous l'influence des coutumes *agentiamentum*, *augmentum dotis*, *osculum*, *sponsalitium*, *dotalitium* (2). Mais d'après les coutumes de Montpellier et de Carcassonne et par dérogation expresse au droit romain, cette donation *propter nuptias* n'était pas nécessairement d'une valeur égale à celle de la dot, et son chiffre était fixé d'après la libre convention des contractants (3).

Il ne faut pas oublier non plus qu'il existait au profit de la femme un douaire, que la communauté se partageait entre époux, que la veuve avait, après la mort de son mari, dans les pays de droit écrit, comme dans ceux de coutume, divers privilèges consistant dans le droit d'être entretenue et logée pendant un certain temps, aux frais de la succession du mari. Ces avantages atténuaient singulièrement les effets de la prohibition des donations entre époux; mais on doit se rappeler aussi que le plus souvent il n'existait pas à cette époque de succession entre mari et femme et qu'à défaut de parents et de testament, la succession du conjoint prédécédé allait au seigneur ou au roi. Un seul texte parle de la succession entre époux et il appelle la femme à la succession de son mari, même par préférence à toutes autres personnes : c'est un texte de la *Cour des bourgeois* des *Assises de Jérusalem* (4). Mais ce texte s'explique par l'état social propre au pays pour lequel il a été fait : la femme ayant partagé les dangers et les périls courus par son mari en partant avec lui pour la croisade et la Terre Sainte, on voulait

---

(1) Desmares, *Décision 157*. — *Grand coutumier de France,* liv. II, chap. 32, p. 321.

(2) Voy. Du Cange, v° *Agentiamentum*.

(3) Coutume de Montpellier, art. 95. — Tardif, *Le droit privé au xiii° siècle, d'après les coutumes de Toulouse et de Montpellier,* p. 84.

(4) *Assises de Jérusalem,* Cour des bourgeois, chap. 186 : « Nuls home n'est si dreit heir au mort come est sa feme (et légitime) espouze. »

aussi qu'à la mort du mari elle eût tous ses biens par préférence à tous autres parents. Toutefois cette particularité n'étant relevée que par la Cour des bourgeois, il est fort douteux que le même privilège ait appartenu aux femmes nobles.

Il n'est pas sans intérêt de relever, en terminant, le droit propre à la coutume de Normandie. Dans cette coutume, les libéralités entre époux étaient interdites avec une rigueur particulière ; il leur était défendu de passer ensemble même des contrats à titre onéreux. Certains auteurs expliquent cette particularité en disant que c'était un moyen d'empêcher les libéralités indirectes (1). Mais nous voyons là plutôt une influence anglaise. Nous avons établi ailleurs qu'en Angleterre et jusqu'à une époque très rapprochée de la nôtre, la personne du mari absorbait celle de la femme. Cette confusion rendait tout contrat impossible entre époux, à titre gratuit ou onéreux. Le même système se retrouve en Normandie et c'est ce qui nous a aussi permis d'expliquer comment ce pays de coutume n'a jamais connu le régime de communauté et a consacré en fait une sorte d'inaliénabilité de la dot.

Quant aux libéralités entre futurs époux, elles étaient dans le dernier état du droit réduites, de la part du mari, dans de très étroites limites. Il ne pouvait donner à sa fiancée aucun immeuble, et quant aux meubles il n'avait le droit d'en disposer au profit de sa future, que dans une certaine mesure fixée d'après la valeur de ses immeubles. La fiancée, au contraire, abandonnait de droit commun et par le seul fait du mariage, ses meubles à son mari et elle avait le droit de lui attribuer en outre le tiers de ses immeubles présents et à venir ; cette dernière libéralité s'appelait *don mobil*, terme qui, suivant certains auteurs, est une preuve manifeste de sa haute antiquité (2).

§ 20. LE TESTAMENT.

Le testament s'était introduit parmi les Barbares sous l'influence de l'Église. Aussi était-ce au moyen âge un acte connu

---

(1) Voy. par exemple Cauvet, *De l'organisation de la famille d'après la coutume de Normandie,* p. 17.

(2) Coutume de Normandie, art. 429. — Cauvet, *op. cit.,* p. 16 et 17.

et pratiqué depuis plusieurs siècles. L'Église continuait à en retirer des avantages et des richesses considérables. Toute personne devait à l'heure de la mort se confesser et faire des legs pieux pour le salut de son âme. Celui-là était un *déconfès* ou un *intestat* qui mourait sans avoir rempli ces deux devoirs. Le seigneur ecclésiastique ou même laïque s'emparait de ses biens et jusqu'au xvie siècle, on lui refusait la sépulture religieuse (1). A vrai dire, l'Église profitait seule des testaments et les legs faits à d'autres personnes étaient, du moins pendant les premiers siècles du moyen âge, à peu près inconnus ou même interdits. Aussi le testament était-il un acte autant religieux que civil et les juridictions d'Église prétendirent connaître des difficultés que soulevaient ces dispositions ; l'Église en arriva même, dès le xiie siècle, à régler les formes des testaments.

Elles avaient été auparavant déterminées par les lois barbares ou par les coutumes non écrites qui s'étaient presque toujours inspirées du droit romain, notamment en exigeant la présence de cinq ou de sept témoins, dans les pays du Midi en exigeant la transcription des testaments sur les registres municipaux. L'influence romaine est manifeste dans les testaments de l'époque mérovingienne où l'on retrouve les formules solennelles mentionnées par les jurisconsultes de l'époque classique, bien qu'elles aient perdu tout sens sérieux. C'est là une nouvelle preuve de l'attachement des praticiens pour les anciennes formules, même lorsque les institutions auxquelles elles se réfèrent ont complètement disparu. Ainsi dans un testament de 690 on retrouve la formule suivante : « *Ita do, ita lego, ita testor, i(ta, vos mihi, Quirites, testi)munium testanti citeri citerque proxemi proximæque tribuitote, pristote atque habetote* (2). » De même et par tradition du droit romain, on exigeait la présence de cinq ou de sept témoins. Ce nombre est consacré par la loi des Burgondes. Celle-ci nous apprend en outre que déjà, à cette époque, certaines personnes trouvaient ce nombre de témoins trop élevé. On demandait qu'il

____

(1) Voy. à cet égard Viollet, *Établissements de saint Louis*, t. I, p. 129 et 130.

(2) Voy. Tardif, *Monuments historiques*, n° 26, p. 22.

fût réduit à deux ou trois en s'appuyant sur cette parole de
Jésus-Christ : « *In ore duorum vel trium testium stet omne
verbum* (1). » La loi des Burgondes resta néanmoins fidèle
aux principes du droit romain qui exigeaient la présence de
sept témoins (2), et c'est ce que rapporte encore le *Brachylogus*
en s'occupant du testament. Il nous dit qu'il existe deux sortes de testaments, l'un écrit, l'autre verbal ou nuncupatif;
mais, dans les deux cas, il exige la présence de sept témoins.
En outre, il veut que dans le testament écrit le nom de l'héritier soit mis de la main propre du testateur ou d'un tabellion,
et que l'acte soit signé des témoins (3). Cependant le *Petri
exceptiones* paraît déjà accepter la doctrine chrétienne. Celle-
ci triompha définitivement en l'année 1171 (1172), en vertu
d'une décrétale du pape Alexandre III qui autorisa les curés
et les vicaires à recevoir les testaments en présence de deux
ou trois témoins. Par cette décrétale, le pape rappelait le système des lois humaines, c'est-à-dire du droit romain qui ne
reconnaissait pas la validité des testaments souscrits par un
nombre de témoins inférieur à sept ou cinq, et il le condam-
nait au nom des lois divines. Cette disposition très favorable
à l'Église, qu'il était difficile d'oublier dans un acte reçu par
un de ses ministres, fut adoptée par les pays de coutume et
passa même plus tard dans l'article 89 de la coutume de Paris.

On remarquera que la décrétale d'Alexandre III contenait
une seconde innovation : elle permettait aux curés de recevoir
des testaments, sans d'ailleurs exclure le ministère des notaires. On pouvait donc indifféremment s'adresser aux uns ou
aux autres. Enfin, comme l'écriture était peu répandue, l'É-
glise permettait même, sous certaines conditions, les testaments purement verbaux ou nuncupatifs, pourvu qu'ils fussent passés, comme les testaments écrits, en présence de deux
ou trois témoins. Tel était le système général de la forme des
testaments dans les pays de coutume (4).

(1) Saint Mathieu, XVIII, 16; saint Jean, VIII, 17 ; saint Paul, *Épître
aux Corinthiens,* II, 13, 1.

(2) Loi des Burgondes, XLIII, 1.

(3) *Omnium quæ testium, signaculis uno vel diversis annulis, si-
gnari necesse est.* Voy. sur tous ces points *Brachylogus,* lib. II, tit. 19,
éd. Bœcking, p. 59.

(4) Beaumanoir, chap. XII, éd. Beugnot, t. I, p. 178 et suiv. — *Anciennes*

Dans les pays de droit écrit, la décrétale du pape Alexandre III rencontra une assez vive résistance, et elle ne fut admise que par exception. On exigeait en général la présence d'un notaire et celle de sept témoins. En outre, le testament était à la fois nuncupatif et écrit ; nuncupatif en ce sens qu'il était dicté par le testateur et ensuite écrit par notaire (1). La coutume de Montpellier admit bien, conformément au droit canonique, que le testament pourrait être fait par écrit ou verbalement, en présence de trois témoins, mais cette disposition s'appliquait seulement dans la ville ; hors de ses murs on maintint l'ancienne règle des cinq ou sept témoins sans exiger d'ailleurs les *signacula et suprascriptiones* du droit romain (2). La coutume de Toulouse accepta la réduction des témoins à deux ou trois et il en fut de même à Bayonne, dans le Labour et dans la Soule (3).

De même que les pays de droit écrit avaient en principe repoussé l'innovation d'Alexandre III et conservé le système romain sauf certaines exceptions, de même dans les pays de coutume et en sens inverse, le système canonique devint la règle et celui du droit romain l'exception. Ainsi en Artois, la présence de sept témoins était nécessaire (4). D'ailleurs, à la fin de notre période encore, les formes des testaments reçus par les curés ou les notaires et celles des testaments nuncupatifs étaient soumises dans les détails à des règles très diverses, comme nous l'apprend Bouteiller dans sa *Somme rural* (5).

Indépendamment des deux formes ordinaires des testa-

coutumes d'Anjou et du *Maine*, N, n° 75, t. IV, p. 540. — *Grand coutumier de France,* liv. II, chap. 40, éd. Dareste, p. 364. — *Livre des droiz et des commandemens,* n° 198. Ce coutumier nous apprend qu'une femme ne peut pas être témoin dans un testament, n° 184.

(1) Voy. des testaments de 1257, 1264, 1363 cités par Viollet, *Précis de l'histoire du droit français,* p. 769.

(2) Ancienne coutume de Montpellier, art. 57.

(3) Ancienne coutume de Toulouse, art. 123, éd. Tardif, p. 57. — Cpr. *Encyclopédie méthodique, jurisprudence,* t. II, p. 699 et 700.

(4) *Anciens usages d'Artois,* tit. L, art. 36. C'est seulement à la suite de l'édit du 12 juillet 1611 (art. 12) que le nombre des témoins fut réduit à deux en Artois.

(5) Bouteiller, *Somme rural,* liv. I, tit. 103, éd. de 1621. p. 1028. L'addition

ments, il existait aussi certaines manières exceptionnelles de disposer par acte de dernière volonté. Ainsi le testament olographe, consacré par la loi des Visigoths (1), était devenu très exceptionnel. Dans les pays de coutume, il n'était permis au moyen âge qu'au profit des personnes ayant scel authentique (2). Mais il semble bien résulter d'un passage de Beaumanoir que le testateur qui n'avait pas de sceau pouvait employer celui d'un gentilhomme ou d'un homme de religion (3). D'après l'ancienne coutume de Paris, le testament olographe n'était permis qu'aux gens de condition noble et en cas de nécessité absolue, par exemple en danger de guerre (4).

La loi des Burgondes admettait aussi le testament que nous appelons aujourd'hui mystique et il paraît qu'il s'était maintenu dans les pays de droit écrit, mais il était à peu près inconnu dans ceux de coutume (5). Enfin, Bouteiller nous apprend qu'indépendamment du testament, on pouvait rédiger des codiciles pour l'augmenter ou le diminuer, mais non pour l'annuler (6).

En principe, toute personne saine d'esprit et jouissant de ses droits civils avait le droit de tester. Ainsi ceux qui étaient sortis de la mainbournie dans les pays du Nord pouvaient valablement faire leur testament; mais on déclarait incapable le mineur en bail ou en garde (7). Dès qu'on sortait de cette puissance, on avait la faculté de tester, par conséquent à douze, quatorze ou quinze ans pour les roturiers suivant les

de Charondas, fait connaître en même temps les bornes introduites par les ordonnances d'Orléans et de 1579, lesquelles appartiennent toutefois à la période suivante. Voy. *ibid.*, p. 1042.

(1) *Forum judicum*, II, 5, 15 et 16.

(2) Voy. testament de 1332 dans Barabé, *Recherches historiques sur le tabellionage royal*, p. 78.

(3) Beaumanoir, chap. XII, n° 9, éd. Beugnot, t. I, p. 182.

(4) *Style du Châtelet*, ms. fr., 1076, fol. 82 r°, ms. fr. 18419, fol. 88 r° et v°, cité par Viollet, *Précis de l'histoire du droit français*, p. 768, note 1. — Voy. aussi *Grand coutumier de France*, liv. II, chap. 40, éd. Dareste, p. 364.

(5) Voy. à cet égard Viollet, *Précis de l'histoire du droit français*, p. 773.

(6) Bouteiller, *Somme rural*, liv. I, tit. 104, éd. de 1621, p. 1047.

(7) Beaumanoir, chap. XII, n° 45, éd. Beugnot, t. I, p. 201.

coutumes, à vingt ans pour les nobles, et pour les pays de droit écrit le testament était permis dès qu'on avait atteint la puberté (1).

Les femmes pouvaient tester comme les hommes, mais cependant elles jouissaient de ce droit d'une manière moins absolue dans certains pays. En général, les pays de coutume admettaient que la femme mariée pouvait tester sans le consentement de son mari ; il s'agissait là en effet d'un acte essentiellement personnel et qui devait produire effet seulement après la dissolution du mariage. Tel était notamment le droit de la coutume de Paris (2). Mais cependant la faculté de tester était soumise à diverses restrictions dans quelques coutumes. Ainsi en Bretagne la femme mariée avait besoin de l'autorisation de son mari ; elle pouvait toutefois léguer seule à titre d'aumône ou en retour de services qui lui avaient été rendus. Ce même système est consacré par la coutume de Bourgogne et par celle de Normandie (3). Mais il est possible que dans le très ancien droit de la Normandie, peut-être même aussi de la Bretagne, la femme mariée n'ait pas eu le droit de tester. C'était le système du droit anglais qui, d'ailleurs, perdit une partie de sa rigueur (4). C'est qu'en effet l'ancienne coutume de Normandie, comme le droit anglais, pose en principe que la femme, confondant sa personne dans celle de son mari, ne peut rien posséder en propre (5).

Dans les pays du Midi, les règles étaient encore moins uniformes. L'ancienne coutume de Toulouse permettait à la femme mariée de tester valablement seule ; elle n'était même pas obligée d'assurer une part à ses enfants ni d'instituer héri-

---

(1) *Livre de jostice et de plet*, p. 224. — Bouteiller, *Somme rural*, liv. I, tit. 103, édit. de 1621, p. 1024. — *Livre des droiz et des commandemens*, n° 163.

(2) Voy. aussi *Anciennes coutumes d'Anjou et du Maine*, F, n° 811, t. II, p. 294. — *Livre des droiz et des commandemens*, n° 219.

(3) Cf. Laurière, sur l'art. 292 de la coutume de Paris. — Coutume de Bretagne, art. 619 ; coutume de Normandie, art. 417.

(4) Voy. ce que j'ai dit à cet égard dans mon *Histoire du droit et des institutions de l'Angleterre*, t. II, p. 261, où l'on trouvera aussi des développements sur le testament d'après Glanville. Cpr. t. III, p. 205.

(5) *Grand coutumier de Normandie*, chap. 15, éd. de Gruchy, p. 45.

tier (1). Mais cette ancienne coutume fut réprouvée par les commissaires du roi, probablement parce que le père de famille devait instituer héritier et ne pouvait pas passer ses enfants sous silence. Désormais la mère fut soumise aux mêmes règles, mais elle continua d'ailleurs à avoir la faculté de tester sans l'autorisation de son mari. En Béarn, au contraire, cette autorisation lui était nécessaire et on l'imposait même à la femme remariée (2). Dans certaines villes du Midi, la fille ne pouvait pas tester seule. A Montpellier la fille mariée n'avait pas le droit de tester ni même de disposer par donation à cause de mort sans le conseil de son père ou de sa mère survivante et à leur défaut de ses proches parents, tant qu'il n'était pas né d'enfant du mariage, mais une fois qu'elle était devenue mère, elle acquérait la capacité de tester ; on ne redoutait plus les abus de sa part (3). D'ailleurs, dans aucun cas, le consentement du mari n'était exigé. Tout en adoptant la coutume de Montpellier, la ville de Carcassonne lui fit subir quelques modifications : l'article 54 de la coutume de cette ville n'exigea plus le consentement de la mère pour que la fille mariée sans enfant pût valablement tester, mais elle maintint l'autorisation du père ou des proches parents.

On sait que les mainmortables ne pouvaient tester que de cinq sous et pour le salut de leur âme (4). D'après l'ancienne coutume de Toulouse les hommes de corps pouvaient disposer de leurs immeubles par testament avec le consentement de leur seigneur ; ils avaient la libre disposition des meubles par acte de dernière volonté, mais le legs devenait caduc si le seigneur s'emparait des meubles avant le légataire. C'est donc en apparence seulement que l'ancienne coutume de Toulouse était plus favorable aux mainmortables, que le droit commun (5).

On sait que le bâtard avait été très longtemps réduit à la condition de serf ; mais dès le XIIIᵉ siècle, Beaumanoir nous apprend que si le bâtard n'a pas disposé de ses biens par

(1) Ancienne coutume de Toulouse, art. 123 A et B.
(2) Fors de Béarn, art. 261.
(3) Ancienne coutume de Montpellier, art. 55.
(4) Beaumanoir, chap. XII, nº 3, t. I, p. 180.
(5) Ancienne coutume de Toulouse, art. 147 et 148.

testament, ceux-ci vont au seigneur comme chose épave. Le grand jurisconsulte constate ainsi deux changements sur le droit antérieur : le bâtard a certainement le droit de tester ; s'il n'en a pas usé, ses meubles sont au seigneur par droit de déshérence et non plus comme au temps où le bâtard était serf, à raison de la mainmorte (1). Mais il ne paraît pas que la faculté reconnue aux bâtards de laisser des testaments, se soit établie sans difficulté. Bouteiller nous apprend que de son temps certains jurisconsultes coutumiers leur contestaient ce droit; il ajoute, d'ailleurs, que leur prétention était contredite par la loi écrite (2).

Ceux qui étaient frappés de mort civile ne pouvaient naturellement pas tester. Tel était notamment, d'après Beaumanoir, le sort de ceux qui étaient bannis du royaume, auxquels il faut ajouter les condamnés à mort et plus tard, d'une manière générale, tous ceux qui perdaient la vie civile à titre de peine (3). On sait que le religieux profès était, par son entrée même en religion, privé de la vie civile et en conséquence il lui était interdit de tester; mais le testament qu'il avait fait avant son entrée en religion était parfaitement valable et produisait effet au moment où il perdait la vie civile. Quant aux membres du clergé séculier, comme ils restaient dans le monde, ils avaient sans aucun doute la faculté de tester. Mais Beaumanoir nous apprend qu'ils se gardaient d'en user aux dépens de leurs églises (4).

Nous avons vu que, pendant la première partie du moyen âge, les testaments faits sans legs pieux étaient nuls et assimilés à des testaments d'excommuniés. Mais on constate déjà dans les *Établissements de saint Louis* un sérieux progrès : le testament du déconfès, c'est-à-dire de celui qui est mort après huit jours de maladie, sans vouloir se confesser, n'en est pas

____

(1) Beaumanoir, chap. XLV, n° 35, t. II, p. 236. — Les *Établissements de saint Louis,* liv. I, ch. 101, éd. Viollet, t. I, p. 172, s'expliquent aussi sur ce second point, mais ils ne parlent pas du droit de tester.

(2) Bouteiller, *Somme rural,* liv. I, tit. 103, éd. de 1621, p. 1027.

(3) Beaumanoir, chap. XII, n° 45, t. I, p. 201. — *Anciennes coutumes d'Anjou et du Maine,* F, n° 816, t. II, p. 294.

(4) Beaumanoir, chap. XII, n° 45, t. I, p. 201. — Bouteiller, *Somme rural,* liv. I, tit. 103, éd. de 1621, p. 1027 et addition de Charondas, p. 1041.

moins valable, prob ablement sous l'influence du droit romain
que les *Établissements de saint Louis* citent à cette occasion
pour montrer combien il est important d'accomplir avant tout
la volonté du mort (1). Bouteiller nous apprend aussi que le
testament de celui qui s'est suicidé n'en est pas moins parfaitement valable, pourvu qu'il ne se soit pas donné la mort pour
éviter les poursuites de la justice criminelle (2).

Mais il va sans dire qu'on n'admettait pas la validité des
testaments de ceux qui n'étaient pas sains d'esprit. Ainsi on
aurait déclaré nul le testament fait par un aliéné, à moins
qu'il n'eût été écrit dans un intervalle lucide, et on assimilait
aux aliénés les sourds et muets de naissance, considérés comme
ne jouissant que d'une intelligence très limitée. Beaumanoir
considère même comme incapable de tester celui qui est devenu
muet à la suite de maladie (3). Mais Bouteiller ne frappe d'incapacité que le sourd et muet de naissance; celui qui est
devenu muet par maladie, s'il sait écrire, peut faire connaître
sa dernière volonté et cette distinction paraît avoir été consacrée aussi par les autres coutumiers (4).

Beaumanoir nous a laissé un modèle de testament qui nous
fait bien connaître la nature de cet acte au xiiie siècle (5). Le
testateur prononce d'abord la formule. « En nom du Père et
du Fils et du Saint-Esprit, amen. » Il déclare ensuite qu'il fait
cet acte pour le profit de son âme et dans l'intérêt de sa mémoire. Avant tout, il charge ses exécuteurs de payer ses dettes
et de réparer les torts qu'il a pu commettre pendant sa vie.
Il tient d'ailleurs à ce que les exécuteurs testamentaires exigent la preuve de ses dettes ou de ses torts, comme si l'on se
trouvait en justice, notamment par la déposition de deux
loyaux témoins. Le testateur déclare ensuite ce qu'il entend

---

(1) Mais si le déconfès était mort sans testament, ses biens auraient été au
baron. *Établissements de saint Louis,* liv. I, chap. 93, éd. Viollet, p. 110.
Voir les observations de du Cange et de Laurière sur ce chapitre qui porte
le n° 87 dans l'éd. de du Cange et le n° 89 dans celle de Laurière.

(2) Bouteiller, *Somme rural*, liv. I, tit. 103, éd. de 1621, p. 1025.

(3) Voy. sur ces différents points Beaumanoir, chap. XII, n° 45, t. I, p. 201.

(4) Bouteiller, *Somme rural*, liv. I, tit. 103, éd. de 1621, p. 1026. Voir les
observations de Charondas, p. 1040. — *Anciennes coutumes d'Anjou et
du Maine,* F, n° 815, t. II, p. 294.

(5) Beaumanoir, chap. XII, n° 58, t. I, p. 209.

laisser à titre d'aumône pour le repos de son âme et il fait connaître sur quels biens ces libéralités pieuses devront être exécutées, soit sur les meubles et acquêts, soit sur le quint des héritages, soit sur les uns et les autres à la fois, soit encore sur les uns en cas d'insuffisance des autres. Vient ensuite la nomination des exécuteurs testamentaires indiqués d'une manière précise par leurs noms et surnoms. Il faut leur donner plein pouvoir de recevoir ou de payer ainsi que la saisine des biens sur lesquels porte le testament. Beaumanoir recommande au testateur de donner pouvoir aux exécuteurs d'agir en commun ou même séparément et chacun pour tous dans le cas où l'un d'eux serait empêché. Le testament est daté et revêtu du sceau du testateur ainsi que de ceux des exécuteurs. Si l'une de ces personnes n'a pas de sceau, elle doit faire apposer un sceau authentique, par exemple celui du bailli. Mais Beaumanoir ajoute que si le testateur est malade au point de ne pas pouvoir attendre l'apposition du sceau des exécuteurs, cette formalité pourra être remplacée par une attestation de vive voix.

Voilà ce qu'il nous dit sur le contenu du testament. On aura remarqué qu'il ne parle pas de libéralités autres que les legs pieux. Nous n'oserions pas conclure de son silence qu'il fût interdit de faire des libéralités à telle ou telle personne, parente ou non, mais ces libéralités étaient tout à fait secondaires et sans importance ; elles constituaient ce que nous appellerions aujourd'hui des legs à titre particulier. C'est plus tard seulement, au commencement des temps modernes, que les legs universels ou à titre universel furent connus et pratiqués. Au moyen âge le testament était avant tout un acte religieux; on se confessait pour avouer ses fautes et on testait pour les réparer. On considérait comme un déshonneur de mourir déconfès ou *ab intestat* et les évêques prétendaient souvent qu'ils avaient le droit de s'emparer des biens de ceux qui mouraient ainsi (1). Mais les seigneurs laïques leur disputèrent ce droit et avec succès (2). D'autres fois on imposait au

(1) Ils n'émettaient plus cette prétention en cas de mort civile.

(2) Voy. par exemple *Grand coutumier de Normandie*, chap. 21, éd. Gruchy, p. 56. D'après ce texte, les chatels des suicidés, des excommuniés,

mourant l'obligation de laisser des biens à l'effet de dire des messes et les abus furent tels, qu'un concile dut intervenir à Paris en 1212 (1213) pour les réprimer (1).

Mais il est certain que ce caractère religieux du testament, sans jamais disparaître, s'affaiblit peu à peu dans la suite et que les legs ordinaires devinrent très nombreux à côté des libéralités pieuses. Toutefois on se rappellera que jamais les pays de coutume n'allèrent jusqu'à autoriser, comme le droit romain, des institutions d'héritier par testament. Glanville avait dit : « *Solus Deus heredem facere potest* (2), » et notre droit coutumier répéta après lui : *Institution d'héritier n'a lieu* (3). Certaines coutumes allèrent plus tard jusqu'à proclamer que l'institution d'héritier par testament serait entachée de nullité ; telle était notamment la coutume du Nivernais. Coquille essaye toutefois de l'adoucir en disant qu'elle vaudra à titre de legs. C'était en effet l'interprétation qu'on lui donnait dans presque toutes les coutumes, mais elle se concilie mal avec le texte de la coutume du Nivernais (4).

Toutefois il n'était aucune règle coutumière qui ne comportât dérogation. Ainsi la coutume du Berri admettait l'institution d'héritier par testament et le *Livre de jostice et de plet* dont la doctrine n'a d'ailleurs exercé aucune influence, paraît bien aussi reconnaître à l'institué par testament, la qualité d'héritier (5).

Dans les pays de droit écrit, la règle contraire n'avait jamais cessé d'être observée par tradition du droit romain et elle y a été suivie jusqu'à la fin de l'ancien régime. Ce testa-

---

des déconfès, c'est-à-dire de ceux qui ont refusé de se confesser et sont morts après une maladie de neuf jours au moins, sont au duc de Normandie et non à l'Eglise, mais les autres biens et notamment les terres sont acquis à l'héritier. Cpr. sur cette question Bordier, dans la *Bibliothèque de l'école des chartes,* année 1844, p. 409. — Viollet, *Établissements de saint Louis,* t. I, p. 129.

(1) Cpr. Héfélé, *Histoire des conciles,* traduct. française, t. VIII, p. 105.

(2) Glanville, lib. VII, cap. 1.

(3) Voy. par exemple, Loisel, *Institutes coutumières,* livre II, tit. 4, règle 5 ; Chartres, art. 95 ; Paris, art. 299.

(4) Coutume du Nivernais, XXXIII, 10. — Voy. aussi Giraud, *Précis de l'ancien droit coutumier français,* p. 58.

(5) C'était évidemment sous l'influence du droit romain. *Livre de jostice et de plet,* p. 245 et 253. — Coutume de Berry, XVIII, 1.

ment devait contenir, à peine de nullité, une institution d'héritier. L'ancienne coutume de Toulouse, toutefois, s'écartait
sous ce rapport du droit romain et permettait de tester valablement sans faire un héritier. Mais cette disposition fut condamnée par le roi dans la révision de la coutume et l'on revint
au droit commun des pays du Midi (1). L'ancienne coutume
de Montpellier, conforme sous ce rapport, comme sous beaucoup d'autres, à la coutume de Toulouse, n'exigeait pas non
plus l'institution d'héritier comme condition de validité du
testament (2).

Il ne faudrait pas croire toutefois que dans les pays de droit
écrit, on pratiquât le testament comme l'entendaient les
Romains. Il fut tout au contraire adapté aux mœurs féodales
et c'est notamment lui qui servit fort souvent à créer ou fortifier le droit d'aînesse.

Si dans les pays de coutume, l'institution d'héritier par testament était ignorée, cependant il existait à sa place une véritable institution d'héritier par contrat. Celle-ci remontait bien
certainement aux mœurs germaniques, car elle est formellement mentionnée par certaines lois barbares et par diverses
formules et il est même permis d'en rapprocher l'affatomie de
la loi Salique (3). Ces sortes d'adoption appelées plus tard *institutions contractuelles*, étaient plus ou moins fréquentes au
moyen âge, mais elles furent plutôt affaiblies sous l'influence
des romanistes et ne reprirent une nouvelle vigueur que sous
la période suivante, où elles durent toutefois être faites par
contrat de mariage et non autrement (4).

Il semble que de son côté le droit coutumier ait essayé d'apporter de très sérieux obstacles à l'introduction des substitu-

(1) Ancienne coutume de Toulouse, art. 123, B, éd. Tardif, p. 58. Cpr.
Tardif, *Le droit privé au xiiie siècle d'après les coutumes de Toulouse
et de Montpellier.*

(2) *Consuetudines Montispessulani,* art. 56 : *Omne testamentum valet
sine heredis institutione.*

(3) Voy. par exemple, lois de Rotharis, chap. 173, Pertz, *Leges,* t. IV,
p. 329. — Rozière, form. 137, p. 175. C'est la formule 47 de l'appendice de
Marculfe devenue dans Zeumer, p. 204, la 42e formule de Sens.

(4) Cpr. Beseler, *Die Lehre von den Erbverträgen*, p. 118. — Beaumanoir ne dit rien de l'institution contractuelle, mais il en est question dans
Pierre de Fontaines, *Conseil,* chap. CXI, nº 7.

tions fidéicommissaires. C'est seulement beaucoup plus tard, sous la période suivante, qu'elles devinrent très générales dans les familles nobles et qu'on en abusa même, tout autant dans l'intention de. rendre les biens indisponibles pour les soustraire à l'action des créanciers, que dans le but de fortifier le droit d'aînesse et de primogéniture. Pendant notre période, les substitutions sont très rares en pays coutumier. La meilleure preuve qu'on en puisse donner, c'est que nos anciens coutumiers n'en parlent pas et lorsque plus tard elles apparurent, plusieurs coutumes les défendirent par testament. Mais dans le Midi il semble qu'on ait fait d'assez bonne heure des substitutions, précisément pour introduire le droit d'aînesse qu'on ne pouvait pas emprunter à la législation romaine. Dans ces mêmes pays, certaines clauses des contrats de mariage se rapprochaient assez sensiblement des substitutions (1).

Le testament pouvait contenir des libéralités au profit de toute personne capable de recevoir, mais non en faveur des autres; par exemple il n'aurait pas été permis de faire une libéralité au profit de son bâtard, car le père où la mère auraient ainsi tourné la disposition de la coutume qui déclarait le bâtard incapable d'hériter de ses parents (2). D'une manière générale, on ne pouvait pas, par testament, déroger aux dispositions de la coutume (3). Toutefois certaines personnes, on s'en souvient, pouvaient faire ou recevoir des libéralités à cause de mort, alors qu'elles auraient été tout à fait incapables s'il s'était agi de donations entre-vifs; c'est ainsi que les legs étaient permis entre mari et femme, à la différence des donations (4).

(1) Voy. par exemple, un acte de 1139, dans Vaissète, éd. de 1733, t. II, col. 437. — Viollet, *Établissements de saint Louis*, liv. I, chap. 119, t. II, p. 213 et suiv.; t. IV, p. 103; du même, *Précis de l'histoire du droit français*, p. 758.

(2) *Anciennes coutumes d'Anjou et du Maine*, F, n° 1240, t. II, p. 461; I, n° 273, t. III, p. 398.

(3) *Anciennes coutumes d'Anjou et du Maine*, A, n° 65, t. I, p. 54. Mais il va sans dire qu'il en aurait été autrement s'il s'était agi de dispositions de pur intérêt privé.

(4) Voy. par exemple, *Anciennes coutumes d'Anjou et du Maine*, B, n° 122, t. I, p. 139; C, n° 114, t. I, p. 323; E, n° 227, t. I, p. 528; F, n° 1241, t. II, p. 461; I, n° 260, t. III, p. 390.— *Livre des droiz et des commandemens*, n° 924.

On pouvait donner par testament toutes sortes de biens,
sauf à observer pour la quantité ce que nous dirons à l'occasion de la légitime et de la réserve. S'il existait des dettes,
elles devaient naturellement être payées par l'héritier et non
par le légataire, même dans le cas où celui-ci aurait obtenu
les meubles ou acquêts(1). D'ailleurs certains textes paraissent
admettre que les dispositions du testament peuvent être lais-
sées à la discrétion d'autrui(2).

Le testament était un acte essentiellement révocable. Lorsqu'une personne faisait successivement plusieurs actes de
dernière volonté, chacun d'eux n'en restait pas moins valable,
à moins qu'ils ne contînssent des dispositions contraires. Le
dernier testament abrogeait alors le précédent d'une manière
tacite et il va sans dire que la révocation formelle était également permise(3). Mais d'ailleurs quelqu'ancien que fût le
testament non révoqué, il n'en demeurait pas moins valable,
même s'il remontait à plus de dix ans, comme le dit Bouteiller
dans sa *Somme rural* (4).

Les dispositions de dernière volonté se faisaient le plus
souvent par l'intermédiaire de personnes interposées. C'était
là une ancienne coutume d'origine germanique dont on retrouve des traces dans les formes de l'affatomie et dans le
transport de la propriété par l'intermédiaire d'un *salmann*. Cet
usage se maintint d'autant plus facilement, que de leur côté
les Romains, dans leurs testaments, employaient aussi des in-
termédiaires : le fiduciaire devait remettre une partie de l'hérédité ou certains biens au fidéicommissaire. On a prétendu
qu'à l'origine les exécuteurs testamentaires, *executores, distri-
butores,* acquéraient la propriété des biens meubles et acquêts
ou autres dont ils devaient ensuite disposer suivant la volonté
du testateur. Ce qui est certain, c'est que ce droit, s'il a existé,
a disparu de bonne heure. Mais on peut considérer comme un
vestige de cette ancienne coutume la saisine légale des meubles
et acquêts qui a toujours existé au profit des exécuteurs testa-

(1) *Anciennes coutumes d'Anjou et du Maine,* F, n° 852, t. II, p. 306.

(2) *Livre des droiz et des commandemens,* n° 220.

(3) Beaumanoir, chap. XII, n° 43, t. I, p. 199. — *Anciennes coutumes
d'Anjou et du Maine,* F, n°ˢ 817 et 818, t. II, p. 295.

(4) Bouteiller, *Somme rural,* liv. I, tit. 103, éd. de 1621, p. 1029.

mentaires, en dernier lieu pendant l'an et jour (1). Ils devaient durant ce temps remplir leur mission, notamment exécuter les legs et payer les dettes ; à titre de garantie pour les héritiers, ils étaient tenus de faire inventaire ; autrement les héritiers auraient été crus sur leur seule déclaration en cas de contestation relativement à la valeur des biens. Il en aurait été de même dans le cas où l'inventaire aurait été frauduleux, et alors les exécuteurs testamentaires auraient en outre encouru une amende (2).

Pendant les premiers temps, le testament ne renfermant que des dispositions pieuses, on choisissait naturellement comme exécuteurs testamentaires des clercs et notamment des évêques. Dans la suite, alors que le testament comprenait encore d'autres dispositions, on choisit souvent des laïques ; mais les évêques prétendirent qu'ils étaient exécuteurs testamentaires de droit toutes les fois que le testateur n'avait désigné personne pour ces fonctions (3). Cette prétention fut naturellement respectée tant qu'on reconnut aux cours d'Église une compétence à peu près exclusive en matière testamentaire ; mais il semble bien qu'elles n'eurent plus le même succès lorsque les tribunaux laïques commencèrent à connaître de ces contestations. Ce qui est certain, c'est qu'on reconnut aux héritiers le droit d'exclure les exécuteurs testamentaires, à la condition de fournir l'engagement de remplir les volontés du défunt et de donner caution en garantie de cette promesse (4).

A mesure qu'on se rapprochait des temps modernes, le testament perdait peu à peu son caractère religieux et devenait surtout un acte civil. Au début, les cours d'Église avaient seules connu des procès nés des testaments. Déjà au temps d'Hincmar, les tribunaux d'Église revendiquaient les causes

____

(1) Beaumanoir, chap. XII, n° 2, t. I, p. 179. — *Grand coutumier de France,* liv. II, chap. 40, p. 369. — Desmares, *Décision* 51. — Bouteiller, *Somme rural,* liv. I, tit. 103, éd. de 1621, p. 1035.

(2) Desmares, *Décisions 50, 71, 121.* — *Grand coutumier de France,* liv. II, chap. 40, p. 365. — Bouteiller, *Somme rural,* liv. I, tit. 103, éd. de 1621, p. 1033 et 1034. — Voy. aussi les observations de Charondas, *ibid.,* p. 1044.

(3) Desmares, *Décision 68.*

4) *Grand coutumier de France,* liv. II, chap. 40, p. 369.

testamentaires à leur profit (1); c'était encore le droit en vigueur au temps de Beaumanoir (2). Mais cependant le grand jurisconsulte admet déjà qu'on peut s'adresser aux tribunaux laïques. C'est qu'en effet la royauté réclama ces procès dans la lutte qu'elle engagea contre les juridictions ecclésiastiques. Au xive siècle cette lutte durait encore et la décision 69 de Jean Desmares ne reconnaît qu'un droit de prévention au profit des juges royaux. Toutefois, le triomphe de la royauté était proche et une décision un peu postérieure, rapportée dans le même recueil sous le numéro 328, nous apprend qu'un arrêt du parlement déclara les causes testamentaires de la compétence des juges royaux à l'exclusion des évêques. Mais il était admis, peut-être pour faciliter le triomphe des juridictions royales, que dans les causes testamentaires, la preuve se faisait par témoins, notamment par l'audition de ceux qui avaient assisté au testament et non par gage de bataille (3).

Toute personne à laquelle le testament portait dommage, avait le droit de l'attaquer, s'il avait été fait contrairement à la coutume et par exemple si le testateur avait laissé plus que la loi ne lui permettait de disposer à titre de legs. C'est ici qu'il importe de distinguer soigneusement entre la réserve coutumière relative aux propres et établie au profit de tous les parents d'une part et la légitime de l'autre empruntée au droit romain, mais seulement au profit des descendants. Nous aborderons bientôt cette importante question.

On pouvait encore attaquer le testament en soutenant qu'il avait été fait par un incapable ou au profit d'un incapable, ou encore que les formes prescrites n'avaient pas été observées. Mais Beaumanoir a soin d'ajouter que la seule haine contre le mort, les hoirs ou les exécuteurs, ne saurait donner action en justice (4). Les actions les plus fréquentes, dirigées contre les testaments, se rapportaient en fait à la réserve coutumière, à la légitime ou à l'exhérédation injuste.

---

(1) Cpr. Sohm, *Die geistlische Gerichtsbarkeit in fränkischen Reich,* dans la *Zeitschrift für Kirchenrecht,* 1870, t. IX, p. 198 et 199.

(2) Beaumanoir, chap. XI, n° 10, t. I, p. 161.

(3) Beaumanoir, chap. XI, n° 30, t. I, p. 170 et chap. LXIII, n° 11, t. II, p. 425. — *Livre de jostice et de plet,* p. 126. — *Livre des droiz et des commandemens,* n° 98. Voy. cependant *Assises des bourgeois,* chap. 184.

(4) Beaumanoir, chap. XII, n°s 16, 25, 26, 35, t. I, p. 186, 191, 195.

§ 21. Réserve et légitime.

Au moyen âge, les donations et les testaments étaient, comme on l'a vu, permis sans conditions particulièrement rigoureuses au point de vue des formes. Mais sous le rapport des biens, il existait d'importantes restrictions ; les unes résultaient de la réserve coutumière établie sur les propres dans l'intérêt de la conservation des biens par la famille ; les autres de la légitime empruntée au droit romain. En outre, il ne faut pas oublier que le mari devait respecter par testament aussi bien qu'entre-vifs le douaire de sa femme (1). Au point de vue des personnes, nous rappellerons que les coutumes tenaient en général à assurer une égalité parfaite entre les enfants. Aussi le roturier ne pouvait pas, par testament, avantager l'un d'eux aux dépens des autres. Si l'un des enfants avait reçu une donation entre-vifs, même à titre de dot, il devait la rapporter pour venir à la succession (2). Telle était, notamment la solution de l'ancienne coutume de Normandie (3). Dans certaines coutumes cependant, cette rigueur n'était pas observée. Ainsi, il paraît bien que la très ancienne coutume de Bretagne permetait aux roturiers de disposer d'un tiers des biens au profit de l'un des enfants (4). Nous devons rappeler qu'il a existé pendant un certain temps une grande diversité sur ces questions dans les coutumes. Celles-ci se proposaient le même but, mais par des procédés plus ou moins différents. On se souvient que les *Établissements de saint Louis* contiennent deux textes qui sont peut-être en contradiction, l'un exigeant le rapport et l'autre permettant d'en dispenser (5). Mais, d'assez bonne heure, les coutumes se rallièrent à un système général. Les parents purent donner à un de leurs enfants aux dépens des

(1) *Livre de jostice et de plet*, p. 225.

(2) On se rappelle qu'auparavant la constitution de dot excluait de la succession. On avait ensuite admis le rappel à succession, mais par une clause formelle. Cpr. Leroux de Lincy, *Histoire de l'hôtel de ville*, p. 108 et 109. — Desmares, *Décision 236*.

(3) *Grand coutumier de Normandie,* chap. 36, éd. de Gruchy, p. 111.

(4) *Très ancienne coutume de Bretagne*, chap. 43, 206, 211, 213.

(5) *Établissements de saint Louis*, liv. I, chap. 136 et liv. II, chap. 26, éd. Viollet, t. II, p. 256 et 418.

autres. Mais si l'enfant avantagé voulait venir à leurs successions, il devait rapporter. Toutefois, l'enfant pouvait se dispenser du rapport en renonçant à la succession de son père ou de sa mère ; il s'en tenait alors à sa donation et celle-ci demeurait valable, à moins qu'elle n'eût un caractère outrageux, comme dit Beaumanoir, c'est-à-dire qu'elle eût été faite dans des conditions telles que les autres enfants auraient été réduits à la misère. Cette doctrine de Beaumanoir est aussi celle de de Fontaines (1). Bouteiller l'admet également et permet en outre la donation par préciput et hors part (2). Mais quant aux legs, il était de principe qu'on ne pouvait être héritier et légataire à la fois ; l'enfant devait donc renoncer à son legs pour venir à la succession (3). Ce que nous venons de rappeler concerne seulement les enfants. Mais d'autres parents et souvent même la famille entière étaient aussi protégés contre certaines libéralités.

La réserve des quatre quints des propres était établie pour assurer la conservation des biens dans la famille. Aussi existait-elle au profit de tous les parents, à la différence de la légitime et de même que le retrait lignager. La famille était protégée contre les aliénations à titre onéreux des propres au moyen du retrait lignager et elle était garantie contre l'abus des dispositions testamentaires par la réserve des quatre quints des propres. Mais il n'existait aucune mesure de protection contre l'abus des donations, sauf dans certaines coutumes telle que celle de Normandie où la défense de disposer à titre gratuit de plus du cinquième des propres, s'appliquait aussi bien aux donations qu'aux legs. En général, on n'avait pas redouté l'abus des donations par cela même qu'elles obligeaient le disposant à se dépouiller actuellement.

Cette réserve des quatre quints s'appliquait à tous les biens qui étaient propres, immeubles, rentes, offices ou autres, mais elle était étrangère aux acquêts dont on pouvait disposer librement par donation ou testament ; elle profitait à tous les

____

(1) Beaumanoir, chap. XII, n° 3, t. I, p. 180 ; chap. XIV, n⁰ˢ 12 et suiv., t. I, p. 229. — De Fontaines, *Conseil*, chap. XXXIII, n⁰ˢ 11 et 14.

(2) *Somme rural*, liv. I, tit. 103, éd. de 1621, p. 1037.

(3) *Grand coutumier de France*, liv. II, chap. 40, p. 365, 369, 372. — Bouteiller, *Somme rural*, liv. I, tit. 103, éd. de 1621, p. 1037.

parents lignagers; avait-on cette qualité dans les deux lignes, c'était le cas des descendants, on avait droit aux quatre quints dans chaque ligne. Tout legs dépassant le cinquième des propres aurait été déclaré nul au profit du lignager, pourvu bien entendu que celui-ci eût accepté la succession. Le renonçant n'avait pas droit à la réserve coutumière, pas même par voie de rétention (1).

Lorsqu'il n'y avait aucun héritier lignager, le testateur pouvait alors disposer librement de ses propres comme de ses acquêts (2).

On a beaucoup discuté sur les origines en effet fort obscures de cette réserve coutumière. Certains auteurs l'ont fait remonter aux lois barbares et ont vu en elle une trace de l'ancienne copropriété de famille. Mais nous avons constaté précédemment que la légitime des lois barbares est d'une nature tout à fait différente de celle qu'il faut reconnaître à la réserve coutumière (3).

Nous pensons plutôt que cette réserve coutumière s'est établie sous l'influence du droit féodal à l'effet, comme nous l'avons dit, d'assurer la conservation des biens dans les familles. Les roturiers pratiquèrent ce que faisaient les nobles et l'on rendit les propres indisponibles dans une certaine mesure, de même que les fiefs. Ceux-ci étaient en général indisponibles pour les deux tiers. On établit par analogie la réserve coutumière. Sans doute cette réserve coutumière a été en général fixée aux quatre quints, mais ce système ne s'est pas établi tout de suite et n'a jamais été absolument général. Dans le droit angevin, le père roturier avait le droit de disposer du tiers de ses propres (4). Dans l'Anjou, le roturier pouvait aumôner, c'est-à-dire laisser à titre de legs pieux jusqu'à la moitié de ses propres, tandis que dans l'Orléanais ces legs

____

(1) Voy. sur ces différents points, Beaumanoir, chap. XII, n⁰ˢ 3 et 17, t. I, p. 180 et 187. — *Livre de jostice et de plet*, p. 224. — *Coutumes notoires,* n⁰ 7. — Desmares, *Décision 149*. — Cpr. Coutume de Paris, art. 292. — Coutume de Normandie, art. 413.

(2) *Grand coutumier de France*, liv. II, chap. 40, p. 364.

(3) Voy. aussi *Histoire du droit et des institutions de la France,* t. III, p. 193.

(4) Voy. à cet égard la coutume de Touraine, art. 249 et 325.

pieux étaient nécessairement limités au cinquième. Les coutumes d'Anjou et du Maine, les plus récentes, disent formellement en se plaçant au point de vue des personnes que le coutumier peut léguer la moitié de ses propres et tous ses meubles et acquêts à des étrangers, le noble le tiers des propres et également tous les meubles et acquêts; au point de vue des biens, elles déclarent disponibles la moitié des censives et un tiers des fiefs (1). De même à Bordeaux, la réserve des propres était fixée à un tiers, comme en Anjou (2). Le *Livre des droiz et des commandemens* est encore plus curieux : il nous apprend que la réserve de l'aîné porte sur les deux tiers des fiefs en Anjou et sous ce rapport il est conforme aux *Établissements de saint Louis.* Mais il ajoute qu'en Poitou la réserve de l'aîné sur les fiefs est limitée au quint (3). Il a donc existé à une certaine époque et même toujours dans différentes contrées un rapport entre la quotité indisponible des propres et celle des fiefs (4).

Parmi les nobles et pour les fiefs, il ne pouvait être question de disposer par testament tant qu'ils furent viagers et on sait que quelques fiefs conservèrent ce caractère pendant plusieurs siècles du moyen âge. Quant aux fiefs héréditaires, et ce fut de bonne heure leur caractère général, on ne put en disposer par testament aux dépens de l'aîné que dans la mesure où il était permis de les démembrer. S'il s'agissait d'un fief conquêt, le concessionnaire pouvait en disposer librement. Mais lorsque le fief avait déjà été transmis héréditairement, alors apparaissait le droit de l'aîné et on ne pouvait lui enlever aucune partie du fief s'il était complètement indivisible; une portion était disponible, ordinairement le tiers, s'il était divisible. En d'autres

(1) Le gentilhomme pouvait léguer le tiers de ses propres. Cpr. *Établissements de saint Louis,* liv. I, chap. 68, éd. Viollet, t. II, p. 103. — *Anciennes coutumes d'Anjou et du Maine,* E, n° 223, t. I, p. 526; F, n°ˢ 1236, 1237, 1242, t. II, p. 460 et suiv.

(2) *Las coustumas de la vilà de Bordeü,* art. 10.

(3) *Établissements de saint Louis,* liv. I, chap. X, éd. Viollet, t. II, p. 19. — *Livre des droiz et des commandemens,* n°ˢ 412 et 750.

(4) On trouvera dans Laferrière, *op. cit.,* t. VI, p. 386, l'énumération des coutumes où la réserve coutumière était des quatre quints. En Alsace, cette réserve était inconnue et le retrait lignager n'avait lieu que dans certaines localités. Voy. Laferrière, *op. cit.,* t. V, p. 51.

termes, la réserve du fief était au profit de l'aîné des deux
tiers. Tel était du moins le droit le plus général (1). Mais il
comportait parfois des modifications plus ou moins graves.
Ainsi, d'après les *Assises de Jérusalem*, le titulaire d'un fief
qui lui avait été nouvellement concédé, pouvait en disposer
librement au profit de celui de ses héritiers qu'il voulait choisir;
mais il n'aurait pas pu le laisser à un étranger (2).

L'irrévocabilité des donations et la réserve coutumière des
quatre cinquièmes des propres au profit de tous les parents
lignagers ne suffisaient pourtant pas pour garantir la famille
contre les abus des libéralités et pour assurer des aliments aux
parents les plus proches. Il pouvait arriver qu'une personne
ne reculât pas devant l'irrévocabilité des donations. D'un autre
côté, la réserve coutumière ne portant que sur les biens propres
et ne permettant d'attaquer que les legs, le chef de famille
pouvait disposer librement de tous ses biens et en priver complètement sa famille, soit en les donnant entre-vifs, soit même
en les léguant, mais après avoir eu la précaution, dans ce second cas, de convertir ses propres en meubles et acquêts.
Aussi de bonne heure, les jurisconsultes et la pratique ima-
ginèrent le moyen de protéger au moins les plus proches parents contre les abus des libéralités. On emprunta au droit romain le système de la légitime, bien différent de celui de la
réserve coutumière. Celle-ci portait seulement sur les biens
propres, existait au profit de tous les lignagers appelés à la
succession et avait surtout pour objet d'assurer la conservation
des biens dans les familles. Tout autre était la légitime : elle
portait sur tous les biens, sur les meubles et acquêts comme
sur les propres; elle existait seulement au profit de certains
parents d'un degré rapproché et avait pour objet d'assurer
leur soutenance, c'est-à-dire les moyens de vivre suivant leur
condition.

Les jurisconsultes coutumiers n'étaient pas tous d'accord
sur la manière d'entendre la légitime. De Fontaines se

(1) Voy. par exemple, de Fontaines, *Conseil*, p. 476. — *Grand coutumier de Normandie,* chap. 36, éd. de Gruchy, p. 112. — Nous nous sommes
longuement expliqué sur ce point en parlant de la succession aux fiefs.

(2) Voy. pour plus de détails, Jean d'Ibelin, chap. 144, 146, 152; Jacques
d'Ibelin, chap. 28 et 29.

bornait à l'emprunter purement et simplement au droit romain. Il permettait aux enfants, aux père et mère, mais non pas aux autres parents, pas même aux frères et sœurs, toutes les fois que le défunt avait fait des libéralités exagérées, donations entre-vifs ou legs, portant sur des meubles et acquêts, de se plaindre à la justice et de demander leur soutenance, des aliments et une part de fortune suffisante pour leur donner le moyen de vivre suivant leur condition. Ce droit était reconnu aux enfants ou aux père et mère à défaut d'enfants, qu'ils fussent vilains, bourgeois ou gentilshommes. Peu importait d'ailleurs que les libéralités eussent été faites à un des enfants, à un autre héritier ou à des étrangers. Mais dans aucun cas, l'action en paiement de la légitime ne permettait de faire tomber toute la donation ou tout le legs. Il y avait seulement lieu à une réduction dont le montant était abandonné à l'appréciation du juge. En outre, lorsque la réserve des propres suffisait pour assurer la soutenance des enfants, ceux-ci n'avaient pas le droit de se plaindre ni de réclamer leur légitime sur les acquêts qui restaient entièrement disponibles à titre gratuit, entre-vifs ou à cause de mort, de la part du père ou de la mère (1).

D'un autre côté, si le légitimaire avait reçu du défunt une libéralité entre-vifs ou à cause de mort, cette libéralité s'imputait sur sa légitime et il ne pouvait en réclamer que le supplément. De même, on imputait encore sur la légitime les deniers qui avaient été donnés pour l'achat d'une charge (2).

Beaumanoir proposait, pour organiser la légitime, des solutions un peu différentes; il distinguait entre les legs et les donations. Le legs fait à un enfant devait être considéré comme nul; fait à un étranger, il ne pouvait qu'être réduit pour assurer la soutenance des enfants et encore fallait-il qu'il portât sur des meubles et acquêts, car pour les biens propres, les enfants auraient été suffisamment protégés par leur réserve coutumière. Quant aux donations, Beaumanoir permettait aussi aux enfants de les attaquer pour assurer leur soute-

---

(1) Voy. sur ces différents points, de Fontaines, *Conseil,* chap. XXXIII, p. 405, chap. XXXIV, p. 422 et 423.

(2) De Fontaines, *Conseil,* ch. XXXIII, n. 37, p. 405 et suiv.

nance, qu'il s'agît de propres ou d'acquêts; si ces donations avaient été faites à d'autres enfants, ceux-ci ne pouvaient pas se soustraire à l'action en renonçant à la succession. Mais Beaumanoir n'autorisait pas à attaquer les donations faites à des étrangers. Enfin l'auteur des coutumes du Beauvoisis ne reconnaissait aucune légitime aux père et mère (1).

Dans les pays de droit écrit, la légitime était soumise aux principes du droit romain, notamment pour sa quotité. L'ancienne coutume de Toulouse contenait toutefois une disposition particulière quant à la quotité et qui a exercé la sagacité des interprètes : elle voulait que la légitime fût de cinq sous toulousains ou plus, de cent sous toulousains ou plus. On a expliqué cette alternative en disant que dans le premier cas la coutume songeait à un *minimum* de cinq sous d'intérêt et dans le second cas à un minimum de cent sous de capital. En outre, il était permis à la mère de priver par testament ses enfants de toute légitime (2). Ces deux particularités furent supprimées par les conseillers du roi Philippe III précisément pour ramener la ville de Toulouse à la loi générale des pays de droit écrit.

Pendant fort longtemps la quotité de la légitime était restée dans la plupart des pays coutumiers indéterminée. On laissait aux juges le soin de la fixer d'après les besoins du légitimaire et selon la fortune du défunt. On voit cependant certains textes indiquer une quotité. De Fontaines parle du quart, mais dans un passage où il copie purement et simplement le droit romain et n'attache peut-être aucune importance à cette disposition (3). Le *Livre de jostice et de plet* veut que les parents laissent à leurs enfants le tiers de leurs meubles et acquêts (4). Ce qui est certain, c'est que de bonne heure on finit par comprendre la nécessité d'établir un chiffre fixe pour éviter les procès entre les légitimaires et les légataires. Le *Grand coutumier de France* fixait la légitime à la moitié des meubles et acquêts (5). Cepen-

---

(1) Beaumanoir, chap. XII, nos 17, 18 et 20, t. I, p. 187; chap. LXX, no 5, t. II, p. 498.

(2) Ancienne coutume de Toulouse, art. 123, C.

(3) De Fontaines, *Conseil*, p. 416.

(4) *Livre de jostice et de plet*, p. 225.

(5) *Grand coutumier de France,* liv. II, chap. 40, p. 364.

dant la première rédaction de la coutume de Paris ne mentionnait pas encore la légitime ; elle n'y fut introduite que dans la seconde rédaction, sous l'influence de Dumoulin. Les autres coutumes admirent aussi cette légitime, mais elles adoptèrent des chiffres très divers pour sa fixation et il en est même qui restèrent muettes.

Il avait été d'autant plus facile de se passer à Paris de la légitime, que le plus souvent l'existence des enfants était déjà garantie par leur douaire. D'un autre côté on admit fort souvent, et de très bonne heure dans les pays de coutume comme dans ceux de droit écrit, que la fille dotée devenant étrangère à la succession, ne pouvait par cela même prétendre à la légitime (1). Dans la plupart des cas, elle avait en effet déjà renoncé à la succession en acceptant sa dot. Mais on perdit de vue cette considération et on décida bientôt d'une manière générale, que la fille dotée ne viendrait pas à succession, pas même pour la légitime (2).

§ 22. Exhérédation.

Il pouvait encore arriver qu'un parent fût privé par une autre cause de sa légitime et même de sa réserve coutumière, alors cependant qu'il n'avait absolument rien reçu du défunt. C'est ce qui se produisait en cas d'exhérédation. C'était là une institution manifestement empruntée au droit romain. Beaumanoir, suivant sa coutume, se garde bien de le dire et il se croit par ce silence plus facilement autorisé à modifier les règles du droit romain lorsqu'elles ne lui conviennent pas. Ainsi le droit romain avait fixé le nombre des causes d'exhérédation et il avait voulu que chacune d'elles fût un motif de l'exclusion complète de la succession. Mais ce système ne convenant pas à Beaumanoir, il en indique un autre : les causes d'exhérédation sont abandonnées à la volonté du tes-

____

(1) Voy. par exemple ancienne coutume de Toulouse, art. 117.

(2) Voy. *Établissements de saint Louis,* liv. I, chap. XI, éd. Viollet, t. II, p. 32. — Ancienne coutume de Bourgogne, dans Giraud, *Essai sur l'histoire du droit français au moyen âge,* t. II, p. 271. — Très ancienne coutume de Bretagne, chap. 210, etc. — *Anciennes coutumes d'Anjou et du Maine,* L, n° 128, t. IV, p. 402.

tateur, elles doivent être graves et sérieuses et Beaumanoir donne des exemples qu'il emprunte d'ailleurs pour la plupart au droit romain. Les méfaits, la vie déshonnête, le mariage d'un enfant sans la volonté des parents, la prodigalité, seront des causes d'exhérédation. Mais Beaumanoir n'admet pas que l'exhérédation puisse exclure complètement de la succession ; l'héritier ainsi écarté gardera toujours son droit à la réserve coutumière des quatre quints sur les propres ; on ne pourra lui enlever que tous ses droits sur les meubles et acquêts et le quint sur les propres (1). Cette doctrine de Beaumanoir n'a pourtant pas été acceptée et on a tout au contraire en général admis le système de l'exhérédation tel qu'il était réglé par le droit romain. En d'autres termes, l'exhérédation privait de tout droit dans la succession, quelle que fût la nature des biens, de la réserve coutumière comme de la légitime. Les causes d'exhérédation étaient limitées et empruntées au droit romain, elles concernaient d'ailleurs seulement les descendants et les ascendants. Il résultait de là en d'autres termes, qu'on pouvait exhéréder même sans cause légitime les autres parents, même les frères et sœurs, contrairement au droit romain (2). Quant à l'enfant ou l'ascendant injustement exhérédé, il aurait eu le droit d'attaquer le testament et de le faire tomber en prouvant qu'il n'existait aucune cause sérieuse de l'exclure de la succession (3).

(1) Beaumanoir, chap, XII, n° 17, t. I, p. 187.

(2) Cour des Bourgeois, chap. 239. — Pierre de Fontaines, *Conseil*, chap. XXXIV, n° 10, p. 420. — *Anciennes coutumes d'Anjou et du Maine*, F, n°ˢ 837 et 838, t. II, p. 300 et suiv. Ces derniers textes sont intéressants à lire, car on y voit comment les mœurs du moyen âge ont modifié les causes d'exhérédation du droit romain.

(3) Bouteiller, *Somme rural*, liv. I, tit. 103, éd. de 1621, p. 1036.

BAR-LE-DUC, IMPRIMERIE CONTANT-LAGUERRE.